# わかれみち

## ヴィジョンアーキテクトが見つめた歴史

谷口江里也

未知谷
Publisher Michitani

もくじ

第一話　ナザレのイエス　5
第二話　厩戸皇子《うまやどのおうじ》　35
第三話　阿弖流為《アテルイ》　63
第四話　順徳天皇　103
第五話　織田信長　127
第六話　徳川家康　153
第七話　松尾芭蕉　179
この本について　209

# わかれみち

＊ヴィジョンアーキテクトが見つめた歴史

第一話　**ナザレのイエス**

ナザレのイエスは、エルサレムに入ったのち、オリーブの丘の近くのゲッセマネで、丘に上るにあたって十二人の弟子たちの中からペトロ、ヨハネ、ヤコブの三人を選び、彼らを連れて麓《ふもと》まで来た時、三人に向かって言った。

私はこれから父と語り合わなければならないことがある。
お前たちはここにいて、父と大切なことを話す私のことをここで見守るようにして待っていてくれ
眠ったりなどは決してしないように。

そう言い残して、すでに暗くなり始めていた丘の上に向かって一人で上り始めたイエスが、

三時間ほどして麓に降りて来た時、弟子たちは三人とも眠りこけていた。

たった数時間の間、眠らずに待つことができなかったのか、とイエスは三人に言ったが、同時に心の中では、丘の上で決心を固めてきたとはいえ、やはり計画は実行しなければならない、と重ねて思った。

心のどこかで、計画を実行しなくても、私を慕ってくれる人たちと共に、今しばらく、あるいはずっと、私なりに私の言葉を伝える生き方もあるのではないか、エルサレムに入る前に今一度、自分自身の計画を見つめてみようと思い、そうしてオリーブの丘に上ったイエスだった。

イエスは自らが決めた道をすでに歩き始め、そして歩き続けてきた。今更その歩みを止めることなど、ましてや引き返すことなどできるはずもなかった。そんなことはわかっていた、けれど……


この三人は、自分たちこそがイエスに最も近い弟子だと言い、他の人たちにも私のことを神の子だとさかんに言い広め、実際に私を慕ってあらゆる場所に付き従い、何かと世話をしてくれてもいる。しかしこの三人でさえ、私が神の子だということに関しては、どこかで信じていないのだ。

というより、神とはなにか、言葉とは何か、信じるということが何かが解ってはいないのだろう。無理もない、それが普通だ。彼らはほとんどのユダヤ人たちがそうであるように、大聖典を読んでもいなければ、そこに書かれている細かなことの意味を分かっているわけでもない。それに私はどこから見ても人の子、ヨセフとマリアの子としてベツレヘムで生まれ、ナザレで育った生身のイエスなのだから……

もし私が神の子だと彼らが本当に思っているのなら、私の言葉はすなわち神の言葉。その言葉を、たとえどんなに疲れていたとしても無視して、こんなふうに眠り呆けてしまえるはずがない。もし大聖典の神がどういう神かを知っていれば、ますますできるはずがない。大聖典に書き記された神《ヤウェイ》は、人を試す神なのだから。言われたことを守らなければ必ず罰を与える絶対的な力を持った神なのだから……

私を危険視しているユダヤ人社会の祭司たち、とりわけ大祭司カイアファをはじめとするユダヤ人社会の最上位の祭司や長老たちがいるエルサレムに入ることを決意した時、私の覚悟はすでに定まっていた。

私は、幼かった私の知力と意志力に目を留めてくれた老祭司の導きで、シナゴーグに保管されていたユダヤの民の大聖典を読むことを許された。祭司たちのなかには、大聖典をちゃんと学んでいない者たちもいたが、老祭司は違った。老祭司は大聖典に書かれていることの意味を、そしてそこに書き記されている神《ヤウェイ》について、まだ幼かった私に解りやすく語ってくれた。

どうしてそのようなことをしてくれたのかはわからない。ただ、老祭司のもとで大聖典を学び、自分でも熟読した私は、荘厳な神殿のような大聖典の力に圧倒されながらも、奇妙な違和感を、敢えて言えば、今の世を生きる人々にとって何か大切なものが欠けていると感じた。そのことについて私は考え続けた。

私が生まれるはるか前に編纂《へんさん》された大聖典によれば、私たちユダヤ人は、ヤウエイによって世界と人間が創造されて以来の長い歴史を持ち、幾多の流浪と苦難を経て、やがてモーセに率いられてカナンの地に達したのち、ダビデ王がユダヤ十二部族を統括してユダヤ王国を築き上げ、それをソロモン王が他国を圧倒する大国へと発展させた。

しかしその後、ユダヤ王国は衰退し崩壊の一途をたどり、新たに興隆してきたバビロニアに滅ぼされてユダヤの民の多くが死に、あるものは捕囚となり、あるものは各地に離散した。素性を隠し、教えを捨て、あるいは大国に与《くみ》して生き延びる糧《かて》を得たものも多くいた。

それでも大聖典が定めた戒律を守り、ヤウエイを自分たちの唯一の神とするユダヤの民の一部は結束して、移り変わる支配者たちから与えられた居住地で独自の暮らしを守って生き続けてきた。しかし異なる神、異なる慣習を持つ社会と権力構造のなかで、その影響を退け続けることは難しい。

ペルシャ、シリア、エジプト、ギリシャ、そしてローマ、大国に翻弄されながら、ユダヤ社会は、今にも切れそうな細い糸に律法という重しを吊るした振り子のように、あるいは風によって向きを変える風車のように、西へ東へ、南へ北へと揺れ、進む道を変え続け、やがて道そのものを見失い始めた。

そんななかでユダヤ人社会の壊滅へと歩み始めた列強に抗して祭司マタティアが、ユダ・マカバイを含む五人の息子たちと共に、ユダヤ王国の再興を夢みて反抗を開始し、果敢に戦い続けて、大聖典の律法と慣習を重視する独自のユダヤ人社会の構築を列強に認めさせるに至った。

それは、列強が互いに凌《しの》ぎを削り合うなかで、たとえ内部がほとんど分裂状態であっても、他民族の過剰な干渉やユダヤ人社会抹殺の危機に際しては団結して戦うユダヤ人たちとの戦いに足元を救われることを危惧したからにほかならなかった。そうして、幾重にも絡み合った細い綱の上を渡るようにしてユダヤ人たちは生き延びてきた。

現在の宗主国《そうしゅ》はローマだが、とりあえず独立性を獲得したとはいえ、そんななかで真っ当な社会運営ができるはずもない。祭司たちは自らの権威の維持のために律法の知識を振りかざしてユダヤの民を縛り、内部では醜い権力争いに血道をあげ、同時に自らの影響力の増大と地位の留保のために宗主国の官僚や富豪たちの主だった者を後ろ盾につけようと躍起になるだけで、ユダヤの民のことなど眼中になかった。

祭司たちの横暴や隣人の密告ばかりが増え、疑心暗鬼が蔓延するなかで、ユダヤの民の心は荒《すさ》みきってしまっている。しかもマタティアの血を引く一族が苦労してつくりあげたハスモン王家を滅ぼして、ローマかぶれのヘロデがローマを後ろ盾としてユダヤ人社会の王となって以来、ユダヤの民はヘロデの悪政と律法との板挟みのなかで苦しみ続けている。しかも律法そのものに勝手な解釈を施し、祭司たちが権威を笠に着て自らの権力を誇示する道具として律法を使うに至り、ユダヤの民が寄る辺を失ってすでに久しい。

私に学びの機会を与えてくれた老祭司は、そんな情況を心底から憂えていた。宗教は人を罰するためにあるのではなく、人々を救うためにあるのだから、とも言った。

老祭司は、大聖典以外の宗教についても詳しかった。ユダヤの神が忌み嫌うバアル神を崇める宗教では、民は偶像を崇拝した。彼らは黄金でつくられた雄牛に祈りを捧げた。それは民を脅して金をせしめる邪教だ、ヤウエイが敵対視するのは当然だと老祭司は言った。

老祭司は東のはるか遠くの国に生まれた仏教という宗教についても多くのことを知っていた。それはブッダという一人の修行を重ねた人間が説いた教えで、人の心にある悩みや死への恐れから人々を解放する宗教だということだった。ブッダの教えでは、恐れの原因の多くが人が抱く欲望にあり、さまざまな訓練を経て自らの欲望を捨て去ることで、やがて悩みとは無縁の存在になることができるのだということだったが、教えの言葉は大聖典のようには書き遺されておらず、死後に弟子たちが物語ったことが、様々な書物として伝えられ、しかもブッダは一人の人間でありながら、死後には神として人々から崇められているらしい。それはユダヤ人にとっての神とは全く異なる神のありようだが、しかしイエスは、民全体ではなく、一人ひとりを救う宗教であるところに興味を持った。

ある日、自らの死が近づいてきたことを自覚した老祭司は、私を死の床に呼び、私が進むべき道と、そのために何をすべきかを説いたのち、私の目を見つめてこう言った。


イエスよ、お前は神の子として、自らの言葉を用いて、民を救え。

大聖典を踏み台にして飛躍し、天に昇れ。

そのために不可欠なことが二つある。一つはお前が神の子だという事実を創り出すことだ。もう一つは、お前が奇跡を起こす存在になることだ。なぜなら、大聖典のヤウエイは、言葉と奇跡による力を駆使する神だからだ。細かなことはお前自身が考えれば良い。しかしこの二つのことだけは決して忘れてはならない。

お前が救世主《キリスト》になりうると私が考え始めたのは、ユダヤ人社会の王ヘロデが、ベツレヘムで新たに生まれた子を全て抹殺せよという布告を発した時だ。この時、私のなかで二つのことが重なり合った。

一つは大聖典の中に、エジプトの王が、同じように生まれたユダヤ人の子を全て抹殺せよという布告を出したという記述があることだ。お前もよく知っているように、大聖典のなかの最重要人物の一人であるモーセは、この布告を恐れた母親の手で籠に入れられてナイル川に流された。そして誰の子でもない捨て子として王女に拾われ、生き延びて神の人となって民を率いた聖者だ。つまり王の命令を超えて生き延びた神の子が民を救う救世主となるという布石がそこで打たれていると私は考えた。

もう一つは、大聖典に記された、ダビデ王の子孫からユダヤの民を苦境から救う救世主が現れると告げた預言者たちの言葉だ。預言者イザヤはこう告げた。

やがてダビデ王の切り株から新芽が萌え出る、その根から花が咲く。
その者は、見かけで裁かず、噂で罰することもなく
正義を以て貧者を護る。
口の杖で地を打ち、唇から発せられる息を以て不届き者に死を与《あた》う。
牛と獅子とが共に歩み、幼子がそれらを導く。
やがてくるその日、エッサイの根は民の旗印のように掲げられ
人々は国を越えてその名を口にし、その墓、栄光に輝く。
やがてくるその日、主は、その強く大きく鋭い剣を以て
太い蛇レビアタン、くねる蛇レビアタンを追い詰め、海の龍を殺す。

また預言者ゼカリアはこう告げた。

娘シオンよ踊れ歌え。いま、お前たちの王が、救世主が
質素な身なりでロバに乗ってやってくる。
その人は戦車を、軍馬を絶やす。

弓は砕かれ、民に平和を告げる王が世界を治める。

また預言者ミカはこう告げた。

ベツレヘムよ、ユダの国の中で最も小さな街よ
お前から、イスラエルを統べる者が出る。

続けて大祭司は言った。星占い師たちがヘロデ王に、預言書に記されている救世主がベツレヘムに生まれたと告げたことに驚き慄《おのの》いて、ヘロデ王がベツレヘムで生まれる赤児をすべて殺せという命を下したのは、こうした預言があったからだ。

この命令が発せられた時、ベツレヘムの祭司だった私は、そこで生まれたばかりの、しかし生まれながらにして聡明な眼の光を湛えたお前が運命の人であると直感し、敬虔な信者だったマリアと、ダビデの末裔だと言われていたヨセフに、エジプトに逃れるよう、そしてヘロデ王の死を待って戻ってくるよう命じた。逃れる先はモーセが出現したエジプトでなければならなかった。

そしてヘロデ王が死んだ後、私は彼らを呼び戻し、ナザレでイエスを育てるように言った。

救世主がナザレで育ちナザレ人と呼ばれることになるという預言が大聖典に記されているからだ。

さらに私はヨセフとマリアに、ベツレヘムで生まれた子はすでに一度、死んでしまったも同然なのだから、これからナザレで育てるイエスはお前たちの子であると同時に神の子なのだ、そう思ってこの子を心して育てるようにと諭《さと》した。しかもヨセフが、マリアを娶《めと》ることにしたその夜に、まだ処女だったマリアが神の子を身籠もると天使が告げる不思議な夢を見た、と言っていたことを思い出し、それは正夢、神のお告げなのだ、と付け加えた。


やがて比類のない聡明さを備えた少年に育ったお前に、私は知る限りのことを伝えたが、お前は私の想像をはるかに超えた知力と明晰さを発揮した。大聖典のすべてを教え終えた時、お前はまだ十二歳だった。そんなお前を連れてヨセフとマリアがエルサレムを訪れた時、急にいなくなってしまったお前を探したヨセフとマリアが神殿にいたお前を発見した時、まだ子どもだったお前が、祭司や学者たちと議論を繰り広げ、さらには彼らを論破したことを聞いて、私の期待は確信に変わった。

すでにローマの属国に成り下がり、祭司たちも長老たちも有力者たちも皆、律法の教えどころか人の道にさえ外れて、地位と権力と金に執着して民の幸せを踏みにじるなかで、生き甲斐も希望もすっかり無くしてしまい、心も萎《な》え、荒《すさ》みきった状態に陥っていたユダヤ人社会を救えるのは、お前しかいないと改めて思い、お前が救世主《キリスト》だと民が信じるためには何が必要かと思いを巡らせた。

そのために重要なことのいくつかを、私はお前と共に準備した。お前が神の子だということを広めるのは、それほど難しくはなかった。お前が他の子どもとは比べようもないほど聡明で傑出して凛としていたからだ。そればかりか大聖典に記された言葉をつぶさに暗記し、その意味や役割を解った上で、古い時代につくられた大聖典に欠けているものは何か、とすでに考え始めていたお前は、人々の悩みに、時には大聖典の言葉を引用して答えを与え、時には自らの言葉で、そこから脱する知恵を与えた。

そこには私が教えたことや私の知力を超えた説得力があった。何よりもお前は、誰に対しても、実にわかりやすい言葉を用いて道を示した。似非《えせ》祭司たちが用いる難しい言葉など一切使わなかった。それは私から見ても見事だった。すでに私は老いて死が迫っていたが、いよいよお前が救世主《キリスト》への道を歩み始める時が来たと感じた私は最後のお膳立てをした。

それは、大聖典に関して私と似たような解釈を持ち、ヨルダン川のほとりのザカリアの荒れ地で、川の水を飲み、イナゴを食べ、蜂蜜を舐めて生き、身にはラクダの毛皮をまとい、それを紐で腰に縛っただけの姿で、人々に教えを説いていたヨハネという男とお前とを結びつけることだった。ヨハネのことを聞いた時、この男は大聖典に記された聖者エリヤそのものだと思った。おそらく彼自身もそのことを意識していただろう。

ヨハネは、苦しむ民にヨルダン川の水で洗礼を施して、悩みを聞き、そして悪を退け正しい道を歩むように諭していた。このヨハネを、大聖典の全てと、明日に救世主となるべきお前とをつなぐ存在にふさわしい人物と見た私は、彼のもとに行き、堕落したユダヤの王や偽りの預言者たちに敢然《かんぜん》と闘いを挑み、いくつもの奇跡を起こし、エリシャという弟子を残して天に昇った聖者エリヤの再来ともいうべきヨハネを、私は洗礼者ヨハネと呼び、そしてお前に洗礼を授けてくれるよう頼んだ。イエスが布教を始めるにはどうしてもそれが必要なのだと説いた。それを以て神の子イエスとしてお前の布教を始めよ、というのが私がお前に示した最後の教えだ。

かつてユダヤの王たちは、真の預言者から、頭に油を注いでもらうという儀式によって王となった。しかしヨハネはヨルダン川の水、すなわち神がユダヤ人たちの約束の地と定めたヨルダン川の西岸のカナンに、モーセに率いられた民がヨシュアを先頭に川を越えて渡った川の水を清めの水として用いて洗礼をすることを始めた。

それはまるで地上の楽園に流れる地上と天界とを分かつ川、地上ではレテ、天界ではエウノエと呼ばれる川の水で、浄化された魂たちに与えられる洗礼の儀式。魂たちはまずレテの水を飲んで現世での悪しきことの全てを忘れ、エウノエの水を飲んで良きことの全てに心を開く。

洗礼者ヨハネはお前を見たときすぐに、私はむしろこの方から洗礼を受ける立場の人間だと言って、いったんは洗礼を行うことを拒んだが、私が、そうではない、イエスは大聖典の全てを受け継いで初めて、新たな導き手としてのキリストになれる。それには自らの宣言によってではなく、新たな時代の新たな預言者がその者を、新たな時代の新たな王《メシア》として認め、それを祝して新たな方法で洗礼を施すことがどうしても必要なのだ、と私が言った時、私の真意をヨハネはすぐに理解し、これからは自ら洗礼者ヨハネを名乗ると、真剣な表情で言葉を返してくれた。

祭司でもないのに世の過ちを糺《ただ》し、貧者たちに洗礼を施し続けた洗礼者ヨハネは間もなく、国を乱すものとして、ヘロデの後を継いだ息子のヘロデの謀略によって殺されたが、お前に洗礼を施す決心をした時、洗礼者ヨハネは自分が遠からずそうなる運命だとわかっていた。それは彼らが最も恐れる新たなユダヤの王の出現を彼が宣言したに等しいからだ。

さあイエスよ、私はもう逝かなくてはならない。

お前はこれから自分自身の道を歩め。
お前は言葉と奇跡によって民を率いる神の子なのだから。

そう言って老祭司は息を引き取った。私はそれから大胆に、けれど細心の注意を払って布教を始めた。奇跡を起こす際には躊躇なくやることを心がけた。そして布教の際に用いる言葉に関しても細心の注意を払った。特に何かを諌《いさ》める際には決して律法に書かれていることを用いず、わかりやすい言葉で例え話を交えて話すようにした。

老祭司が教えてくれたことのほかにも、私から見て、ユダヤ人がローマやエジプトやシリアなどの異文化が周りに渦巻くこれからの時代を生きるうえで、大聖典に欠けていると思われることはいくつもあった。

まず大聖典では神がアダムを最初に創り、そのアダムの骨の一部からエバを創ったと記されている。それがどうしても、女は男に従属する存在だという印象を与えてしまう。しかも神から知恵の樹の果実だけは摂るなと言われていた約束を、エバが先に破って果実を食べ、アダムにも勧めたことになっている。つまり生まれてすぐに神との約束を破った罪、原罪という最も初源の、そして重い罪をまずは女が犯したことになっている。だから明らかに大聖典では女を男の下に置き、男という存在を重視している。

その後も、神に祝福された祖先たちは、ノアであれアブラハムであれヤコブであれモーセであれダビデであれ、みんなアダムの血を受け継ぐ男たちだ。だから老祭司は私の父のヨセフをユダヤ王国建国の王ダビデの末裔とし、しかも母のマリアが聖霊を宿したことによって私が生まれたとして、それを広めた。それは私を神の子とするためには、どうしても必要なことだった。

しかしこの世は実際には男と女がいて、しかもどんな人も女から生まれる。だから布教に際して、大聖典の流れに従って弟子を男にしたが、しかし同時に、折に触れて女を大切にする姿勢を見せた。卑しい身分の女にも自ら話しかけ、旅で汚れた私の足をぜひ洗いたいと勇気を出して申し出た女には、礼を言ってそのようにさせたりもした。結果として私を慕う女たちは、男の弟子たちよりもはるかに私の話をよく聴き、そして心の底から私への敬意を示してくれる。

老祭司が言ったように、私を神の子と信じさせるためには、モーセが奇跡を起こして海を渡ったように、またヨシュアがヨルダン川の流れを止めて川を渡ったように、またエリヤが死んだ子を生き返らせたように、奇跡を起こして見せる必要が、とりわけ男たちに対して見せる必要があった。なぜか男たちの方が奇跡を待望しているからだ。もしかしたら男たちはそのような超絶的な力を自らも持ちたいという気持ちをどこかに隠し持つ存在なのかもしれない、あるいはそうして奇跡を目撃してはじめて、他者を自分より優れた存在として認めるという心根のようなものがあるのかもしれない。

女たちはそうではない。何かにつけて驚いてみせることが好きな彼女たちは、だからといって奇跡を見たいなどとは思っていない。奇跡を見なければ何かを信じないというわけでもない。もしかしたらそれは彼女たち自身が、自らの体のなかから命を生み出すという奇跡と共にあるからかもしれない。彼女たちにとって大切なのは自らの心。自らの心が命じることを彼女たちは信じる。

だから私は主に男たちに対して奇跡を見せた。私が太陽を背にして湖の浅瀬を、陸で待つ弟子たちの方に向かって歩いた時、弟子たちには私の姿が、鏡のように光をかえして輝く湖の面を歩いてくるように見えたはずだ。それからしばらくして、神の子イエスは水を割らなくても、その上を歩いて渡ることができるという話が広まった。

端的に言えば、大聖典に欠けているもので大切なことは、たとえば女という存在、そして男であれ女であれ、一人ひとり異なる心を持つ個人という存在。また、誰かが誰かを愛しく思うという、生まれながらに人に備わってある気持、そしてできれば幸せになりたいという願いなどだ。

さらに、永遠を感じさせるような一瞬の内にある確かさ。誰でも、聞いたことがある言葉、忘れ切っていたような言葉に言い表されていたことが目の前で実現した時に感じる感動、その時に頭ではなく自らの体が感じる確かさ。あるいは心のなかに、よくはわからないまま秘めていたことが明瞭に語られた時に喜びと共に感じる確かさ。これから人々にとって重要なのはそのような体験。

総じて、それぞれ違う心を持つ人間という存在を、大聖典のように神の僕《しもべ》として神の言葉を守らなければ罰するのではなく、肯定し愛すること、それが私の務め。それを広めてこの世に平安をもたらすこと。そのために、人々のあらゆる罪や原罪を私の命と引き換えにつぐない、ナザレのイエスという存在を人々の心のなかに永遠化すること。そのことを以って人の心から恐怖を取り除き安らぎをもたらすこと。それが老祭司と話し合って決めた私が歩むべき道。

私は明日、大聖典のゼカリア書に記されているように、ロバに乗ってエルサレムに入る。すでに様々な場所で苦しむ人々に希望を与え、病人を癒すなどしてきた私の噂はエルサレムにもすでに広まっている。多くの人々が私を一目見ようと集まってくるだろう。ロバの後に多くの人々が続き、ナザレのイエスがエルサレムに入ったという知らせはすぐさま大祭司カイアファのもとに届けられるだろう。大聖典のことをよく知らない人々はともかく、ユダヤ人の新たな王、救世主がロバに乗ってやってくるという預言を知る祭司たちは恐れおののくだろう。

ベツレヘム生まれの、神の子だと噂され、誰よりも大聖典のことをよく知り、あちらこちらで奇蹟を起こしているイエスという男がエルサレムに来たとなれば、そのことが、王位を奪われることを恐れて嬰児《えいじ》たちを抹殺したヘロデ王の後を継いだヘロデ・アンティパスに伝われば、私に洗礼を施した洗礼者ヨハネを抹殺したアンティパスは必死になって私を探し出そうとするだろう。

自分たちにも怒りの矛先が向けられることを恐れる祭司たちは、なんとしてでも王より先に私を捕らえ、ユダヤ人社会の最高決議機関である十二部族の祭司たちによる集会を招集するだろう。そしてそこで、私に対する死刑の決議が速《すみ》やかになされるだろう。災いを防ぐにはその原因を取り除くのが一番だからだ。

今夜、私は弟子たちに別れを告げる。そして付け加える。たとえ捕らえられ殺されたとしても、神の子である私はいったん死んだのち、必ず生き返ってこの世に復活する。このことを心して忘れるなと。

そうして私は大祭司が手配した者たちに捕らえられユダヤ人社会の裁判を受ける。罪状は明らかだ。私が神の子であり、民を救う王、新たな時代の新たなキリストだと触れ歩いているのは、神と神の律法の護り手として民を導く立場にある祭司たちやユダヤ人社会の王を蔑ろにする許し難き重罪だということだ。

そこに加えられる細かな罪状が何であれ、とにかく彼らは私に死罪を宣言したのち、明日の朝、私をローマ総督のピラトに、ユダヤ人社会の最高会議においてこの男は十字架による死罪にすべきであるという決定が為されたと申し出、速やかにその追認と処刑を行うように願うだろう。

ユダヤ人社会はいま、一つの国の形をとっているとはいえ、ローマの支配下にある属国としての自治権を与えられているに過ぎず、死罪という重罪を、ユダヤ人だけの決定で執行する権限までは与えられていない。もちろんピラト総督はユダヤ人が自ら為した決定をこれまで通り追認し、宗主国ローマの決定とした上で、私は十字架にかけられるだろう。

弟子たちが最後まで私を見守ってくれるかどうかはわからない。オリーブの丘で眠ってしまったように、弟子たちの何人かは関わり合いになるのを恐れて姿を隠すかもしれない。

しかし私が言うべきことはもう全て彼らに伝えた。彼等のなかで私は復活するだろう。彼らの心のなかで私の言葉が繰り返し繰り返し響くだろう。それを彼らは、それぞれがそれぞれの言葉で人々に語り伝えるだろう。そうして神の言葉を記した大聖典とは異なる、新たな時代の、人のための新たなイエス・キリストの言葉が、やがて人々の心に広く染み込んでいくだろう。大切なのはだから、私が見事に死ぬことだ。

その夜、弟子たちに別れを告げたイエスは捕らえられ、彼が思い描いた通り、翌朝、正式に死刑の判決を受けるべく大祭司カイアファを筆頭とする祭司たちや長老たちの手でピラト総督に引き渡された。罪状はイエスが不遜にも、自分はユダヤ人の王であり大聖典に記されているメシア、救世主《キリスト》だと唱えて人心を惑わせ、ユダヤ人社会に不安と混乱をもたらしており、国家反逆罪を犯しているというものだった。

しかしここで、イエスが想像もしていなかったことが起きた。十字架による処刑という、最も過酷な刑による死が目前に迫っているにも拘《かかわ》らず、あまりにも静かで清らかな表情をしたイエスを見て、この青年が死罪にならなければならないような罪を犯してはいないはずだと直感したピラトは、ユダヤ人の最重要会議の決定をそのまま受け入れることはせず、なんとかイエスと呼ばれるこの青年の命を救うことはできないかと考えを巡らせ始めたのだった。

ただ、もしそうなれば、私の命を賭した計画が成立しない。

宮殿のなかではユダヤ人の実力者たちが口々にイエスの死罪を訴えたが、ピラトは、書き記した罪状を読み上げるカイアファを制して直接イエスに、お前は本当に自分のことをユダヤ人の王だと言っているのか？　と問うた。それに対してイエスは一切の抗弁をせず、ただ一言、そう言ったのはあなたです、という言葉を発して黙った。

その凛とした佇まいに不思議な感動を覚えたピラトは、その日がユダヤ人たちの祭日だったことを思い出し、祭司たちに宮殿の外で待つように言い、私はこの人にいくつか尋問することにする、と告げて宮殿の中に入った。

祭日にはいつも、宮殿の前の広場に大勢のユダヤ人たちが集まって祝日を祝う。しばらくして、広場に多くのユダヤ人たちが集まってきているのを見たピラトは、イエスを連れて広場を見下ろすテラスに出て言った。

私はこの人をしかと取り調べたが
この人には死罪にすべき罪が見当たらない。
しかも今日は、お前たちの記念すべき祭日なのだから
この人に恩赦を与えてはどうか。

しかし広場の宮殿に近い場所は、イエスの処刑を決議した祭司たちや有力者、そして彼らに命じられたユダヤ人たちが占めていて、その連中がイエスを赦《ゆる》すな、イエスは死罪だと大きな声で叫んだ。広場にはもちろんイエスを慕う者たちもいて、ピラトはその人たちに一縷の望みを託したのだったが、大祭司やユダヤ人社会の実力者たちが決定したことに異議を唱える勇気を持つ人は少なく、イエスを救えの声は小さく弱く、死罪をと叫ぶ声にかき消されてピラトには届かなかった。

一方、ユダヤ人社会のことに関しては、普段は彼らの決定に任せてきたローマから派遣されてきているピラト総督が、極めて例外的に、どうやら自分を救おうとしているのを見て、イエスもまたある種の感銘を受けた。

同じユダヤ人が自分を彼らの権威と権力を脅かす反逆者として処刑しようとしているのに、この人は冷静に物事を捉え、自分の考えで判断しようとしている。律法に書き記されているから、祭司たちがそう言うから、ヘロデ王に逆らえば処罰されるから、偉い人たちがそう言っているから……

イエスが壊そうとしたのは、一つには、そのように自分自身のことを他者、とりわけ権力者に委ねる民の生き方そのものだった。ところが属国のユダヤを支配するローマ帝国の全権を担うこの総督は、ユダヤ人の一人でもある自分を蔑視するどころか、一人の人間として相《あい》対《たい》し、ユダヤ人の指導者たちとの間に摩擦を起こすことも厭わずに私を助けようとしている。もしかしたら私の想いは、狭いユダヤ社会のなかでよりも、ローマのような広い世界に、より受け入れられやすいのかもしれない、と思ったりもした。

広場に集まったユダヤ人たちの声を以《もっ》てはイエスを救うことができなかったピラトは、それでも諦め切れず、群衆を制してさらにこう言った。

考えてみれば今日は
お前たちの大切な安息日だ、このような日には
聖なる日に免じて罪人を一人釈放して良いことになっている。
私のもとには今、すでに判決を受け
十字架にかけられるのを待つばかりの罪人が二人いるが、加えて新たに
残忍な強盗を犯した罪で、これから判決を受けるべきバラバと
そしてイエスがいる。

この二人のうちのどちらに恩赦を与えてほしいか？

ピラトがそう言うと、広場の最前列から、バラバだバラバだ、イエスは死刑だ十字架だ、と大きな声が上がり、枯れ草に火がついたように、イエスは死刑だと叫ぶ声が狂ったように広がっていった。その興奮を鎮《しず》めるべくイエスを連れて宮殿に入ったピラトは、もう一度思案をめぐらせ、今度は警護兵たちにイエスを鞭で打たせた。イエスの背に鞭で打たれた跡が赤く腫れ上がるのを待って、ピラトはイエスを連れて今一度テラスに現れ、最後の望みを託して群衆に向かってこう告げた。

私はこの男をさらに厳しく尋問したが
この男は死罪に相当するような罪は
一切犯してはいないことがわかった。
しかし現にこうしてユダヤ人社会を騒がせたことを重く見て
私はこの男を、この傷を見ればわかるであろう
すでに鞭打ちの刑に処した。
この罰を以て、この男を赦してはどうか。

しかしそれでも群衆はピラトの声を聞く耳を持たなかった。いったん狂った方向に回ってしまった熱狂の歯車がさらに激しく回り、イエスは死刑だ、イエスは十字架だと叫ぶ声が広場を覆った。

それを見たピラトは仕方なく、部下に命じて水を張った盥《たらい》をテラスに運ばせると、その水で両の手を洗い、群衆に向かってこう言った。

見た通り、私は、この人に関わっていた自らの手を
こうして今、洗い清めた。
これから起きるであろうことには
この無実の人が流すであろう血には、私にはもう一切関係はない。
この人の処遇に関してはユダヤ人であるお前たちが
お前たちの責任において決めよ。

こうしてユダヤ人たちによってイエスの死刑の決定がなされ、イエスは自らが架けられることになる十字架を背負わされてゴルゴダの丘を登ることになった。十字架の刑は重罪であ

り、その罪状が彫り込まれた板が十字架の上部に打ち付けられることになっていたが、ピラトによって用意されたその罪状を表す板には、ナザレのイエス、イスラエルの王、と記されていた。それを見たイエスは、結果としてピラトは自分の計画を後押ししてくれたと感じた。

いかにも奇妙な罪状だった。それは、イスラエルの王、すなわちユダヤ十二部族の王であることが極刑の死罪にあたる、とユダヤ人たちが自ら裁定したことを意味する。とっくの昔に崩壊してしまったダビデが築いたユダヤ・イスラエル王国。滅ぼされ、虐げられ、離散して寄る辺を失ったユダヤ人。ふたたび独立国家をつくりあげることを夢見ながら、今なおローマという大国の属国としてかろうじて生き延びているユダヤ。悲願の国家の未来の王を、ダビデの末裔であり、幾多の預言書の言葉と重なり合う救世主《キリスト》である王を、ユダヤ人が自ら処刑するという暗愚。その愚かさから目覚めさせるに、これ以上ふさわしい罪状はないとイエスは思った。

十字架を背負って、死への歩みをイエスが歩み始めた時、イエスを慕った女たちは皆、側に付き添い涙を流していたが、しかし男の弟子たちの姿はすでになかった。それでいいとイエスは思った。神の子を見捨ててしまったという罪悪感が、やがて彼らを駆り立てるだろう。私が彼らに語った言葉が、彼らの心の中で、繰り返し繰り返し鳴り響くだろう。

ゴルゴダの丘の上に建てられた十字架の上で、槍で刺された胸から血が流れ、流れ続ける血とともに次第に遠のいていく意識の中でイエスは、自らの計画の最後の仕上げをするために気力を保ち続けた。常人であればすぐに息絶える苦痛をイエスは何時間もの間、耐えに耐えた。あれほどまでに死罪をと叫んだ大勢のユダヤ人たちの姿はすでに消えてしまっていた。

自分たちが自分たちの責任において、とピラトに言われて為したことの結果に、何度も転びながらも必死で十字架を背負って丘を登ったイエスの姿に、泣き言も恨みの言葉の一つも言わずに処刑を受け入れて死に行くイエスの姿に、自分たちの決定によって起きたことのあまりの重さに耐えられる者などいるはずもなかった。

やがて日が暮れかかり、薄暗くなり始めた丘に立つ十字架の下には、イエスの母のマリア、マグダラのマリア、弟子たちの母親、そしてイエスを心から慕う女たち、さらには弟子ではないけれど、この日の出来事に何かを感じ、心動かされてついてきた何人かの人たちだけが残った。誰もが涙を流してイエスのそばにうずくまって居た。その時を待ってイエスが、途切れ途切れのか細い声で、しかししっかりとした言葉で言った。

シオンの娘たちよ、エルサレムの母たちよ泣くな。
ここで私の命が尽きたとしても、私は必ず蘇《よみがえ》る。

お前たちの子ども、無数の未来の母たちのために蘇る。
復活して私に授けられた永遠の命を尽くして
人々を守り、生きる希望を与え続ける。
生きよ、戒律に縛られることなく
身分の違い、男女の違いなどにとらわれることなく、自由に。
人々が犯した幾多の罪を背負って、私はしばし旅立つ。
人間は生まれついての罪人だと大聖典に記された原罪をも背負って私は逝く。
私の命と引き換えにお前たちは罪から解き放たれる。
だから生きよ、自由に、私はお前たちを肯定する。
自らを愛せ、他者を愛せ、人とすべての命と明日を愛せ。
私は必ず蘇ってお前たちの前に現れ、そして人々に希望を与え続ける。
だから泣くな、涙を拭《ぬぐ》えシオンの娘たちよ、エルサレムの母たちよ。

そういうとイエスは口を閉ざした。そして女たちの眼のすべてが、自分たちを肯定して死に行くイエスを見つめたその時、イエスが静かに、ダビデの詩篇を謳《うた》い始めた。

神よ、私の神よ、どうして私を見捨てたのか。

イエスの声はそこで途切れたが、十字架のもとで女たちが、その詩の続きを唱和し始めた。その声が、ゴルゴダの丘の上から、あらゆる方角に向けて静かに流れて行った。

私は兄弟たちにその名を語り伝える。
人集まれば王《イエス》の名を讃える。
救世主《キリスト》の魂は永遠に生きる。
いくつもの世代がイエスのことを語り伝え
民に、正義とは何かを伝える。

こうして十字架の下に寄り添う者たちが、ダビデの詩をイエスの声を受け継いで唱和し終わった時、イエスは、これですべてが成し遂げられた、と言い、そして逝った。

第二話　厩戸皇子《うまやどのおうじ》

厩戸皇子は背が高かった。それもずいぶん。臣《おみ》たちが集っているところに皇子が立てば、総じて背が低い彼らに比べて明らかに、少なくとも頭一つは高い皇子の姿がひときわ際立って見えた。ただ、皇子にとってそれがはたして良いことだったのかどうか？　どこにいても皇子が、誰の目にも特別の存在に見えたからだ。

もちろん皇子は、もともと位の高い家柄の生まれだったので、ほとんどの臣は彼の言葉に従う立場にある。若くして摂政に就いてからはなおさらだ。それは良い。人には生まれついての動かしがたい身分というものがある。けれど、そのこととは別に、皇子と向かい合った臣たちは誰でも、なんとなく見下されているような感覚を覚えた。皇子と向かい合えば、誰もが皇子を見上げなければならなかったからだ。

しかも王子は、臣《おみ》の誰よりも聡明で多くのことを知っていた。この国の民や治世のことはもちろん、高句麗《こうくり》や百済《くだら》や新羅《しらぎ》や隋《ずい》や印度《いんど》のこと、さらには遥か彼方の波斯《ペルシャ》や、それらの国がどのような国でどのような仕組みで国を治め、そこでは人々は何を支えに生きているのかなど、臣たちの誰も知らないこと、知るすべもないことまでこと細かに知っていた。

そのうえ皇子には誰も抗弁できないような弁舌の巧みさと吸い込まれるような懐の深さがあり、さらにはそれ以上の、知恵としか言いようのない底知れぬ賢明さがあった。しかし、それがはたして皇子にとって良いことだったのかどうか？

高貴な家の皇子として、やがて天皇、もしくはそれに近い役目を果たすべき運命を背負って生まれた厩戸皇子は、生まれた時点で既に、淡く澄んだ瞳の奥に、常人にはない聡明さを秘めているように思われた。そのため類例のない特別な名前を与えられ、幼い頃から何人もの第一級の賢者たちによる英才教育を施された。王子は周囲の期待を裏切らずにすくすくと育ち、十一歳の頃には背丈がもう大人ほどにまでなっていた。

その頃の倭《わ》は、天皇を戴いて主に畿内《きない》を治めてはいたが、まだ国としての体制やそれを維持する仕組みが整ってはおらず、より広域を安定的に治めるにはどうすれば良いかを考える必要があり、参考にし得ることを海の向こうの国々に学ぶことから手をつけなければならなかった。

倭の国ができる前は、後に日本と呼ばれるようになる島国には、何千年も前から、島のあちらこちらに集住する先住の民がいた。陸地のほとんどが深い森林に覆われていて、彼らはそのなかの居住条件が良いところに郷《さと》をつくって暮らしていた。郷は、海や川の近くであったり山あいの盆地に在ったりしたが、規模はどれもそれほど大きくはなく、人々は山の幸、海の幸、川の幸、里の幸を採って暮らしていた。採れる自然の恵みの量は限られていたため、郷の規模がその限界を越えて大きくなることはほとんどなかった。

一つの郷と他の郷とは、周囲の高い山などの自然の形状によって自ずと隔てられていて、一つの郷の生活の範囲はその境界を越えることはほとんどなかった。逆に言えば、そうして自らの生活を支えてくれる自然の境界と、そこから得られる恵み以上のものを望まない限り、彼らはその場所でいつまでも暮らしていくことができた。何百年、何千年もの間、彼らはそうして生きてきた。

もちろん区域内で採れる食べ物の量は年によって違いはあったが、保存する方法の工夫や、多くの種類の果樹を郷の周辺に配したりすることで、穏やかにしなやかに生き延びる知恵を、彼らは自然との長い暮らしを通して身につけてきた。

ただ彼らは必ずしも郷を構成している区域から全く出ないというわけではなく、一つの郷と隣の郷、さらにはもっと遠くの郷との間に、それなりの行き来があった。月の満ち欠けによって日を定め、蓄えた海の幸と山の幸とを交換することもあれば、自分たちの郷にはない道具などを知る機会もあった。

けれど区域を越えて、郷から大挙して隣の郷の幸を奪い取ろうとするようなことはついぞなかった。郷の規模はだいたい似通っていて、しかもどの郷人も自分たちの区域のことは熟知していたので、余所者《よそもの》がそこで何かをするというのはほとんど不可能だった。それは無駄なことだったし、そんなことをする必要もなかった。そうして何百年、何千年もの間、彼らは自らの郷の自然や風土にあった暮らしを繰り返してきた。

倭の国の祖先たちは、海の向こうの、後に朝鮮半島と呼ばれるようになる場所にあった国々、高句麗や百済や新羅、さらにはその向こうにある、後に中国と呼ばれることになる国々などから、稲作や土木や鍛冶《かじ》や建築などの技術を携えてやってきた。というより遥か昔から、日本と朝鮮半島の人々の間には交流があり、互いに行き来をするなかで、長く蓄えられる米という便利な食料を効率よく生産する稲作の技術が、島の中でも中国や朝鮮に近い地域に次第に広まり、そのなかで倭の国の祖先たちは国という仕組みをこの地に導入した。

朝鮮半島や大陸には様々な国があり、範例はいくらでもあった。ただ国の創り方や治め方は国によってなぜか違った。高句麗には高句麗の、百済には百済の、隋には隋の国のありようがあり、倭の国を創るにあたっては、その違いや、その違いがなぜあるのかを詳しく知る必要があった。それを学び知った上で、この島国を治めるのに有効な国の形を整えていく必要があった。

しかし多少の違いはあったとしても、国を成立させるにあたっては、基本的に必要な要素がいくつかあった。まずは食、食べるものがなければ民を養っていくことはできない。国を大きくすることは、すなわち国に属する民の数を多くすることに他ならない。増やした民を食べさせることができなければ、民は国から出て他の国に行ってしまう。人には足があるからだ。

米は栄養価があり、たくさん採れて蓄えることができる便利な食べ物だけれども、何人の民を養うにはどれだけの米が必要か、それをどのように蓄えれば良いか、蓄えた場所を、誰がどのように管理し、どのように護りどのように配分するのか。国を成立させるためには、そのための知恵と、それを運用する仕組みがいる。もちろんそのためには、米の保管場所や量や期間や、それがどこで採れ、どこに配布するのかなどを記すための文字や数字や、それに長《た》けた人が必要になる。

また人は、食べるだけでは満足しない。米や家をつくるための便利な道具や技の普及がまずは必要だが、さらには歌や踊りなど、日々の暮らしを彩る余興や美しいと思える何か、それらを楽しむための祭りなどもいる。それなくしては不満が募り、ひいては民が国を見限りかねないからだ。

そして、海に囲まれ温暖な気候で豊かな自然の恵みがあり、地形が複雑で平野が少ないけれど、先住の民が生き続けるにはふさわしいこの島国とは違って、気候が決して優しくはなく、地続きで広がる巨大な土地にいくつもの国が鎬《しのぎ》を削り合って生きる朝鮮半島や中国では、どこから敵が、いつなんどき攻め込んでくるかわからない。糧を蓄えた国を外敵から守るにはどうしても武力と兵力がいる。

国の仕組みと武力の運営には、それを効率よく厳格に統率する仕組みとそのための権力がいる。それは具体的には武力でのし上がってきた王であったり、長い歴史を持つ家系の長《おさ》であったりしたけれども、国が大きければ、たとえ王がどんなに有能であっても、王が一人で全てを担うことなどできない。王は国の象徴であり同時に物事の決定者だとしても、それを補佐する有能な側近や彼らの部下が必要になる。側近たちはそれぞれいろいろな分野に長《た》けた人でなければならず、その意見をまとめて王に進言する役目の者もいる。

また、民が何をして良いか、何をしてはいけないかを定める法もいる。それを破った場合法にどう対処するか、それをどう実行するかという仕組みやそれを担う役目の者も必要だ。法は基本的に明快でなければならないが、ただ、国を運営する官吏のための法と、民のための法には自ずと違いがある。

民のための法は、誰に対しても等しく適用されなければならないが、官吏のための法は、それに加えて、起こりやすい国を運営する上での過ちや不正や隠蔽や傲慢などを防ぐ手立てが必要になる。官吏は民にはない権限を持つ存在であり、民の一人であることを超えた権限やそれを背景にした実権を持つ存在であるために、その乱用を防ぐ独自の法がいる。

それに加えて、人は心という、強いような、かと思えば極めて脆《もろ》くもあるような奇妙なものを抱えて生きている。そして心は元気や弱気や怖れや狂気と連動する。人の心を支えるのは、親であったり子どもであったり恋人であったり、何らかの目的だったりするけれども、そうした具体的な存在に加えて、宗教という、心のありようを左右するような働きをする不思議なものがあり、それが治世に大きく関係してくることがある。

隋や高句麗では印度《インド》から広まった仏教が、国や民の大きな精神的な支えになっている。また隋の国の仕組みに大きな影響を与えた波斯《ペルシャ》には拝火教《ゾロアスター》という宗教が古くからあり、他にも、居場所をなくして流れてきた猶太《ユダヤ》人たちが信奉する猶太《ユダヤ》教や、そこから派生した基督《キリスト》教は、遠く羅馬《ローマ》という大国にまで広まりつつあり、波斯《ペルシャ》でもかなりの力を持ち始めていた。これらの教えの多くは文字で書き記されていたため、それらを学ぶためにも文字は極めて重要だった。

廐戸皇子は、こうした国を治めるに当たって重要な諸々のこととその真髄を学ぶために、幼い頃から第一級の賢者たちを、個人教師として就けられていた。

仏教や寺院や隋の国の政《まつりごと》をはじめ、それ以外の宗教やその特徴や治山治水の方法など、あらゆることを教え込まれたが、皇子は極めて呑み込みが速く、教えられたことばかりか、自らが興味を持ったことを積極的に学び、十二歳の頃に、大概のことを習得した皇子は、寺院などの建築や工芸の技に興味を持ち始めたため、優れた大工や職人たちが現場で皇子に、さまざまなことを教えた。

さらに皇子には誰よりも重要な教師がいた。それは波斯《ペルシャ》の姫と呼ばれていた蘇我馬子《そがのうまこ》の側室であり、皇子の母でもある女性だった。波斯の姫は、はるばる波斯から隋に渡ってきた高貴な家柄の美しい女性で、その頃、朝鮮半島と倭の国とはかなりの交流があり、半島の南には倭人が大勢住んでいて任那《みまな》の国と呼ばれる国があった。波斯の姫はそこに住んでいたが、任那の国が新羅の国に併合された際に一族と共に多くの宝物《ほうもつ》を携えて倭の国に逃れてきた。

その頃、倭の国の実権をほぼ掌握しつつあった蘇我馬子は、自らの権威づけのために、また彼女の美貌に惚れ込んで、波斯の姫一族を手厚く迎え入れ、彼女を自らの、特別扱いの側室とした。そして馬子と波斯の姫との間に生まれたのが皇子だった。

遥か彼方の大国の波斯の貴族との間に子を得たことを馬子は、まるで自分が広い世界の王になったかのような昂揚を感じて大層喜び、生まれた皇子を、これから自分が広げ固める倭の国の政《まつりごと》を司る王にしようと思った。馬子は姫に、生まれた皇子に自分の思いの丈を表す良い名前をと請い、姫は皇子に厩戸皇子《うまやどのおうじ》という名前をつけた。

皇子は公式には、欽明《きんめい》天皇の息子で後に用明《ようめい》天皇となる橘豊日皇子《たちばなのとよひのおうじ》と、同じ欽明天皇の娘の穴穂部間人皇女《あなほべのはしひとのひめみこ》との間に生まれたことになってはいたが、実際にはそうではなく、波斯の姫の子だということは半ば公然の秘密で、皇子が欽明天皇の血筋を引く、ゆくゆくは天皇になるべくして生まれた皇子だということを表すために馬子が画策して、欽明天皇の息子と娘の間に生まれたということにしたのだった。

厩戸皇子は、蘇我馬子が期待した通り、というよりそれよりはるかに知恵と行動力を備えた青年に育ち、しかも背が高く、顔立ちも凛としていながらどこか柔和で涼しげで、いかにも高貴な血を受け継ぐ人と、誰の目にも映った。

一方、馬子には物部守屋《もののべのもりや》という敏達《ひだつ》天皇を後ろ盾に持つ強力な政敵がいて、何かと対立していた。表向きは百済から伝わってきた仏教を倭の国の国教として受け入れるかどうかということが両者の対立軸になってはいたが、実際は、蘇我一族が元々は渡来人だったのに対し、物部一族の由来は畿内の先住民、蝦夷《えみし》だったという素性の違いが根底にあった。

物部一族は稲作が広まるにつれて生活習慣を次第に変え、やがて武力に秀でた地域の豪族に育つとともに、自らを大和《ヤマト》の民と称するようになり、倭の国が領土を広げる戦で大いに力を発揮し、欽明天皇の頃には、倭軍の最大勢力として天皇を護る部隊の中心的な役割を担うまでになっていた。

先住民の蝦夷は古くから、全てのものに神《カムイ》が宿るとする八百万《やおよろず》の神という感覚と共に生きてきたため、守屋は仏陀という一人の人間を唯一無二の神のように奉《たてまつ》るという考えには、どうしても違和感があり、天皇が百済や隋のように仏教を国教として庇護し壮麗な寺院を建造することに反対し続けてきた。

また蝦夷《えみし》は文字を持たなかったため、経典をやたらと重視し、文字を学び経を学ぶことを有り難がる姿勢にも馴染めなかった。守屋は、言葉というものは、その時その時に発するなかに真実があり、書き記して残すようなものではないと思っていた。それにも増して守屋は、日がな経を唱えて仏の教えを説く僧というものを、怪しげで不可解な、人心を惑わすだけの存在だと思っていた。

馬子と守屋の対立は日毎に激しくなり、折しも倭の国に疫病が蔓延していたこともあり、守屋が疫病は僧たちが持ち込んだものだと言って仏像を燃やし、仏教を追放せよと天皇に迫れば、馬子は、疫病は仏を敬わないばかりか寺社を破壊し仏像を焼き川に沈めるなどした守屋の神仏に対する不遜な態度と行いに対する天罰であり、敏達《びだつ》天皇さえもが病に倒れたのは守屋のせいであるとした。

両者の諍《いさか》いは武力による対決にまで進み、この抗争のなかで馬子は、敏達天皇を継いで天皇の地位に就いていた用明天皇が仏教を信奉していたため、排仏派の守屋が新たに天皇に就けようとした穴穂部皇子を葬るなどした末、結果として蘇我馬子《そがのうまこ》が物部守屋《もののべのもりや》を成敗する形となって、最大の政敵を討った馬子が絶大な権力を把握するに至った。馬子は直ちに用明天皇を退け、泊瀬部皇子《はつせびのみこと》を第三十二代天皇の座に就け崇峻《すしゅん》天皇としたが、意見が合わなかったため暗殺し、豊御食炊屋姫《とよみけかしきやひめ》を推古《すいこ》天皇として即位させた。

家臣が天皇を暗殺する弑逆《しいぎゃく》などは天皇制が始まって以来かつてなく、また女性天皇も初めてのことだった。五七四年の敏達《びだつ》天皇の崩御から推古天皇の即位までわずか八年。この間の馬子を巡る経緯は何もかもが異例だった。そして厩戸皇子は、推古天皇の即位と同時に摂政となって馬子の右腕として政《まつりごと》を司《つかさど》ることになった。

厩戸皇子は、幼い頃から、分野の異なるさまざまなことを学び、その中で自分の頭で考えるという訓練をしてきたためか、それとも皇子の資質がそうさせたのかはわからないが、物事の本質や関係を客観的かつシンプルに捉え、最も現実的でしかも発展性のある道を見出すことに長けていた。

蘇我馬子が皇子を摂政に据えたのは、未だ国としての体裁すら整っていない倭の国より、はるかに進んだ国の仕組みと文化を持つ、遥か彼方の大国波斯《ペルシャ》の姫と自分との間に生まれた特別な皇子が可愛かったこともあったが、それにも増して、皇子が自分にはない特別な能力を備えていたからだった。

馬子は、自分には力と決断力と、目的を果たすためにはどんなことも厭わない意志力があると自負していた。しかし皇子には、幅広い知恵と物事の全体を見通す力、とりわけ常人が物事を連続的に、あるいは平面的に見るのに対し、物事を立体的に捉える力があり、さらに皇子には、凡百《ぼんぴゃく》の学者を何百人侍《はべ》らせたところで決して導き出せない答えを見出しそれを現実化する力、その答えを具体的な形あるもので創り表す不思議な力があった。

国の未来のありようであれ、仕組みであれ、景色のなかに欠けている何かであれ、目の前にはいまだ無い何か、誰の目にも見えない飛躍的な何かを思い描き、そこに至るには何が必要かを端的に見抜き、それをわかりやすく人に語り伝える力があった。それが皇子を摂政にした一番の理由だった。

蘇我馬子と物部守屋との対立が深刻な情況にまで陥った時、厩戸皇子は積極的にではなかったが、馬子の側につくことにした。馬子が父だったからではない。また必ずしも、父が国教にするために懸命になっている仏教を信奉していたからでもない。

倭の国の祖先たちは、あちらこちらからこの島国に入った。時期も違えば経緯も違ったけれど、朝鮮半島を出た祖先たちは主に、三ヶ所からこの島に入ってきた。一つは越の国（北陸）、一つは出雲、もう一つは筑紫（北九州）だった。稲作や織物や建築や鍛冶や陶磁器などのさまざまな技を持った祖先たちは、先住の民たちを感化しながら、やがてそれぞれが次第に居留地を広げるとともに武力を増強し、時には先住の民を力でねじ伏せて領土を拡大して互いにつながりあって一つの国家に成長し、この島国のほぼ半分を支配するまでになっていった。

かなり古くから稲作を通して交流し合っていた島の南の民は、国の治め方についても暮らしぶりについても、それほど違和感を持たずに倭の国の体制に馴染み、倭の国の民となることをそれほど厭わなかった。なかには集落ごと進んで支配下に入ることを望む民たちもいて、国土の統一は比較的穏やかに進んだ。

しかし北の民の蝦夷《えみし》たちは違った。極めて長い間、他との接触をほとんど持たずに独自の暮らしを続けてきた畿内以東の蝦夷たちは、どの郷も頑強に倭の国の支配下に置かれることに抵抗し、互いに血みどろの戦いが繰り返された。

長きに渡る戦に互いが疲弊しきったのち、倭の国の賢者と、蝦夷の郷の集合体の賢者とが、話し合いによって和平を決した。条件は、倭の国は自らが有する文字や薬を含めたあらゆる知識と技を蝦夷たちに提供する。その代わり蝦夷たちは現在ある境界を越えては戦わない。そしてその大いなる和平の象徴として、天皇という、王でも民でも無い現人神《あらひとがみ》を互いの合意の上で選び、その存在を、すべての人の神《カムイ》として互いに敬う。

天皇は武力を保持せず、またいかなる宗教にも属さず、天皇家を維持するに必要なもの以上の財や蓄えを持たない。和平の象徴としての天皇の座は倭の国に置く。しかしだからといって倭の国は天皇を立てて、現在の境界を越えて蝦夷たちの郷には攻め入らないこととする。天皇は両者の和平の象徴だからだ。その代わり蝦夷たちはそのような天皇を認める印として、海山川の四季の幸を天皇家に献納する。

天皇はまた、米と病、麻や絹などの衣や建築、そして祭という、人にとって最も重要な糧と憂いと保身と喜びを司る。さらに文字と、それによって紡がれる、人の心を豊かにする歌を司る。この五つの技は世に安寧《あんねい》をもたらすものであり、天皇はその英知を象徴する存在としてこれを保持するが、その恵みと成果は民に属するものとする。

こうした取り決めを経て、ようやく血みどろの戦いは終焉し、互いの領地に大いなる和がもたらされた。その後、守屋のように来歴を越えて自らを大和《ヤマト》と称し、倭の国の民となるものが現れるようになるにつれて大和という呼称もしばしば使われるようになっていった。その意味では馬子と守屋の諍いは、倭と蝦夷の最後の抗争だったのかもしれない。

馬子と守屋の争いにおいて厩戸皇子が馬子の側に立ったのは、倭の国が国としての形を整えていけば、守屋のような考えの持ち主は倭の国では暮らしづらくなると考えたからだった。蝦夷たちは、永遠という時と今とが一体になっているような、ある意味では刹那的とも無時間的とも情動的とも現実的とも言えるような彼ら独自の生き方を太古の昔から続けてきた。倭の国の稲作のように、収穫の予測をすることも計画的に生産することもでき、しかも開墾すれば収穫量を確実に増やしていける社会が、いずれ蝦夷的な社会を呑み込んでいくことは、厩戸皇子には容易に予想された。

蝦夷たちが日々の変化はあっても長い目で見ればほとんど変化がないような持続的な暮らしをしていたのに対し、百済や隋を手本とする国の仕組みは、領土の拡大という願望を、つまり国を常により大きくしたいという願望を、遺伝子のように国のありようそのものの内に宿しているように思えた。

この国はしかし、中国や中国と地続きの朝鮮とは違って海に囲まれた島国だ、と厩戸皇子は思った。広げ続けるには限度がある。しかもこの国の民は、大陸の民のように、度重なる戦争のなかでめまぐるしく王が変わり続けることが当たり前だという感覚を持っていない。むしろ逆だ。

蝦夷たちは太古の昔から同じような暮らしを続けてきた。そのため彼らなりの動かしがたい価値観や習慣や美意識を持っている。根は穏やかだけれども、体に染み付いたその感覚を否定するものに対しては頑強に抗う。とりわけ北の民はそれが激しい。

すでに倭の国が統治している畿内以南の民は、もともと大陸との交流が盛んで、しかも朝鮮半島には、ほんの少し前に消滅したとはいえ、任那《みまな》という、島からやってきた民と朝鮮半島の民とが混ざり合ってできた国さえあった。

だから、たとえば隋のような国の治め方に接しても、それほど強い違和感を感じることはなかった。しかし北に向かって国をより大きくしていこうとしているこれからは違う。倭の国は、これから新たな国として、この地に合った治世の方法を考え出さなくてはならない。水と油ほどにも違う習慣と文化を持つ民が、互いにいがみ合うことなく交流を続けながら、互いを豊かにしていかなくてはならない。それは極めて難しいが、やりがいのある仕事だと皇子は思っていた。

*

私の父の蘇我馬子は隋の治世の方法を熟知している。目的達成に障害となる人物を躊躇なく取り除くという苛烈《かれつ》な意志力も大陸的だ。けれど同時に、それだけで倭の国を治めるわけにはいかないことも知っている。だから多くの学者や工人《こうじん》から学び、とりわけ遥かな国々、波斯《ペルシャ》はもとより羅馬《ローマ》や、それらの国々の民の心と共にある宗教についても母から聞いてよく知っている私を摂政とした。

馬子が良しとするのは、中国の多くの王朝がそうだったように、徹底した上意下達《じょういかたつ》の専制君主的な仕組みだ。それは戦に負ければ、下手をすれば民族もろとも抹殺される過酷な世界で生き残るために編み出された仕組みに他ならない。戦時に兵士たちが将軍の命令通りに動かなければ、戦に勝てるはずがないからだ。

しかし同時に平時においても、その武力を常に養い維持する必要があるため、民にはしばしば過酷な税が課される。またその命令組織を官吏による国の運営にも適用するため、端的にいえば、官吏たちは王や上位の者の命令には従うけれども下位の者には必要以上に厳しく、総じて誰も頭を使わなくなる。それが続けば民に不満が溜まりやがて反乱などが起き、そこでは下克上《げこくじょう》が常態化する。それを防ぐために王は、より強い権力と富を求めて領土を広げる。

倭の国に、そのような仕組みを導入するのは得策ではない。倭の国の民の多くはすでに倭を名乗っているが、なかには蝦夷《えみし》だった先祖の記憶を心身に宿している者も多い。蝦夷の郷は規模が小さく、しかも狩猟採取によって生きていたため、誰もが等しく郷を構成する一員だという自覚がある。だから物事の決定は長《おさ》が行うのではなく、郷の大人たちが寄り合いで全員一致で決める。一致しない案件は次の寄り合いまで繰り越されたり、郷の分断を招く危険があるとして廃案にする。そうして彼らは長い年月を小さな郷を持続的に保持しながら生き延びてきた。他の郷と戦《いくさ》をする必要もなかった。他の郷を支配するには、他の郷の民と同じ、あるいはより多くの数の民が必要であって、そんなことは小さな郷ができることではない。人は無数の自然の神々の恵みと共に故郷で時を超えて生きていければいい、それが彼らの根底にある考えだ。

彼らの感覚の中では、自らが属する共同体のなかでは誰もがその一員。つまり彼らの協働体運営原理は専制君主制の対極にある。だから先達《せんだつ》たちは、民に命令する王ではなく、民と共に歩む天皇という存在を和のために敢えて創った。それがなければ彼らと共存することも、倭の国を治め続けることもできなかったからだ。

だから私は、摂政になってすぐに四天王寺を創った。私はあらゆる価値観は目に見える形とそれを支えている仕組み、つまり形がもたらす空間と、仕組みがもたらす時間の継続がなければ、社会に根付かないと考えている。

四天王寺は四箇院《しかいん》という四つの形ある社《やしろ》によって構成されているが、全体は一つの、私が想い描く夢に基づいて創られている。四天王寺は表向きは馬子が国教としようとしている仏教を奉り、それを倭の国に根付かせるための寺と思われているが、実際はそうではない。

それは寺院の形をした、四箇院に象徴させた四つの目的が連動することによって成り立つ、これからのあるべき国の仕組みそのものなのだ。大切なのは、こうしたことが私によってということではなく、倭の国の天皇の名において行われたとし、それを広く告知することだ。

四箇院のうちの療病院《りょうびょういん》は病を治す知恵と技を集約する場所だ。人が生きていく上で最も難儀な苦難は病気になることだ。療病院は、倭の国はたとえ民が病気になっても、それをあらゆる方法を講じて救う国だということを示すためにある。

施薬院《せやくいん》は、病になった民に与える薬と、民が病にならないよう予め体を強く保つための薬草や手立てにまつわる知恵と技を極める場所だ。民が病気で倒れる不安を減ずることができれば、民は安らかに日々を生きることができる。

だが民の中には、病気や戦や思わぬ事故で親を亡くし子を亡くし、あるいは身寄りをなくして、また老いたり体の不具合などによって、悲しいことに田を耕すことも稲を刈ることもできず、自分を養う糧を自分では賄《まかな》えない者もいる。悲田院《ひでんいん》はそんな民が最後に頼りにする場所としてある。それは倭の国は、そのような民を見捨てることはないという印だ。

そしてそうした負の側面から民を守ると同時に、国にとっては、国を豊かにすること、民が餓えることとなく生きていけるように努めることこそが大切だ。敬田院《きょうでんいん》はそのための技や方法を集約する場所としてある。そしてもう一つ、人には病気や飢え以外にも、心の病という極めて難しい病がある。敬田院に仏教を教え広める寺院の形を与えたのはそのためだ。民が抱く迷いや死への恐れや自分では処理できない悩みや、理解できない理不尽なことへの怖れや怒りなどを和らげること、そのためにこそ敬田院はある。

私は僧たちから仏教について学んだ。私が判断するところ、仏教の真髄は人を欲から解放することにある。多くの迷いや怒りや恐れは裏返せば欲から発している。今あるものを失って死ぬことの恐れ、好きな人を恋人にできない悲しみ、あるいは怒り。富や昇進が思うように手に入れられない苦しみ。問題はそれらの根底に我欲があることが自身ではなかなか捉えられないことだ。だから人はそれを他人のせいにする。

けれど他人は所詮自分の思い通りにはならない。欲の犠牲者は民ばかりではない。王や高官も同じだ。彼らは他者を動かすために権力を欲する。何かを手に入れればさらに上を欲する。けれどそれは結局は、我欲の地獄に入り込むことを意味する。そこから脱し、一人の人になるためにこそ仏教はある。

私は母から、中国のはるか向こうの国々のことやそこでの宗教のことも学んだ。波斯《ペルシャ》には古くから、拝火教《ゾロアスター》という宗教があった。それは人々が自然の力、たとえば突如火を吐く山や、地を割り街を破壊する大地や、一瞬にして家を燃やす雷などの怒りをなんとか鎮めるために何かをせずにはいられずに、逆に言えば自らの怖れや不安を沈めるために編み出されたのだと私には思える。それに火には獣を退ける力がある。自然が生み出した力の一部を味方につけることができれば、人は力強く生きていける、人々がそう考えたのは不思議ではない。

拝火教ばかりではない。埃及《エジプト》では、人の営みの全てのもとである太陽や、大地の力を象徴する牡牛神《タウル》を崇めている。母によれば、波斯と埃及との間にある国々では、拝火教と牡牛信仰を合わせたようなバアル神を崇拝する民も多いという。どうやらそれらは、自然の力を畏れ敬う気持ちから生まれたもののように私には思える。

波斯の王家の一族の父と、猶太人《ユダヤ》の母との間に生まれた母は、猶太教のこともそこから生まれた基督教《キリスト》についても詳しく私に教えてくれた。母によれば、流浪の民だった猶太人の神は厳格な律法によって民が行うべきことを定めた。それは、神から与えられた土地を求めて荒野を彷徨う民にとって何よりも結束が重要だったことを示している。

ところがそこから派生した神の子イエス・キリストに始まる基督教は、猶太教とは大きく違っているという。最も大きな教えは、自らを愛するように隣人を愛しなさいということと、人がもともとが持っていた諸々の罪を、救世主《キリスト》であるイエスが自らの死を以って赦《ゆる》してくれたのだから、なにものにもとらわれることなくそれぞれが善きことを為す人として生きよ、ということらしい。

つまりそこには猶太人と埃及人の違いもなければ男と女の違いもなく、人である限り全ては隣人であり、大切なのは隣人同士の心をつなぐ愛だという。私から見ればそこには、仏教や蝦夷の考え方にも、どこか通じるものがあるように感じられた。しかもイエスは、右の頬を打たれたら左の頬を向けよ、という言葉を遺《のこ》してもいるらしい、これは、たとえ暴力を受けたとしても、それに対して同じように暴力で立ち向かってはならない、甘んじてそれを受けよ、という意味だろう。争いも戦も同じだ。そこには血みどろの争いの繰り返しの果てに、武力を放棄した天皇という存在を設けることによって悲劇の繰り返しを終わらせようとした、この国の先人の知恵とも通じるものがあると感じた。

母も信奉している基督教は、そのような教えを宿していたため、それまでの宗教と違って、民の違いや土地や街のありようの違いを超えて、羅馬《ローマ》にまで広まっていったのだという。

羅馬は、広大な土地を統治する国で、強大な武力を持っていたけれども、支配下の国を治める方法や、家や街を建設する技術、さらにはそれを活かすための水の管理など、具体的に言えば、住みやすく美しい街を創り、地域の自治をある程度認めつつ、共通の美意識、あるいは羅馬人として生きる誇りのようなもの、すなわち民を喜ばせることによって、羅馬の支配下に入れば豊かなより人間らしい暮らしを送ることができると感じさせることによって統治することを重視しているらしい。そこには、倭の国はもちろん隋や百済にもない技や知恵がある、というより、だからこそ広域を治めることができるのだと私は思った。

絹の道が運んできた宝物は物ばかりではない。波斯は羅馬の統治の方法の多くを取り入れたし、隋もまた広域を支配するにあたって、部分的にその方法の一部を取り入れているように見えると母は言った。

羅馬のことを私なりに解釈すれば、羅馬は、支配下に置いた国も含めて帝国としての羅馬を、様々な国や都市の集合体としての実に大きな、立体的な広がりの中で考えているように思える。羅馬の名において建設する街もそうだ。彼らはどうやら建造物を単体のものとしては捉えていない。街全体の中で個々の建造物にどのような役割を担わせるかということを考えながら街を創っている。なぜなら街は、そこに住む民を大きく包み込むものだからだ。

だからそこでは、羅馬の街のなかで羅馬人はどのように暮らせるのか、ということが目で見て分かるようになっている。その上で羅馬人は、様々な国にある様々な街とその全体を健全に運営するためには何が重要かを、どうやら心得ている。だから羅馬人は街づくりに加えて、道造りと水道造りを極めて重視する。それは街と街の連携が大切であり、そして街は美しく、そして常に清らかな水が溢れていてこそ羅馬の街だと、彼らが考えているからに違いない。

もちろんそこで民が羅馬人としての喜びを感じるには、豊かな食と住まいと健やかさが必要だが、羅馬人はそれに加えて民を楽しませるために、街のなかに劇場や競技場や浴場までつくっているらしい。そこには学ぶべきことが多くあると思われた。

だから私は蘇我馬子から、百済や隋が羨《うらや》むような都をつくろうではないかと言われた時、まずは倭の国が何を大切にする国かを示すために四天王寺を創った。同時に、道を整備し、日照りの際にも田の稲を枯らすことがないように適所に溜池を創ることを馬子に提案した。何処に何をという絵図も描いた。羅馬に倣《なら》って、清らかな水と糞尿などの汚水を流す道とを完全に分けることも考えた。疫病の原因は祟《たた》りなどではなく、水が汚れていることからくるように思われたからだ。それらはこれから一つひとつ造られていくだろう。

さらに私は、倭の国が民に優しい国であると同時に、諸国が羨むような国であるためには、建築であれ物であれ、何処よりも美しくある国でなければならないと思った。母が携えてきた波斯の宝物の美しさに魅せられていたからだ。それらは人の手によって創られたとは思えぬほど美しい。

それらに加えて、朝鮮や中国からもたらされてすでにこの国にある、何処にも負けぬほど美しく精巧に創られた品々を一箇所に集めて、それらを仏のように奉《たてまつ》る館を創ることにした。志のあるものがそれらの品々を見て、同じくらい美しいものを、それよりもっと美しいものを創り出す縁《よすが》となればと思ったのだ。人は憧れを心の内に抱いた時、常にはない力を発揮するからだ。美しいものに関しては特にそうだ。私はその館を夢殿《ゆめどの》と名付けることにした。

さらに私は、目に見えるものばかりではなく、倭の国を創るにあたっては、国創りの目的を、どのような国を目指すのかという指針を、国という家を支える柱のようなものを創る必要があると考えた。仏教も猶太《ユダヤ》教も基督《キリスト》教も、大切な教義が言葉で書かれている。ならば、倭の国にとって大切なことも言葉で言いあらわせるはずだと思ったのだ。柱は太く大きなものが何本かあれば良い。それで私は六本の言葉の柱を考えた。

まず真ん中に、和、という、全ての営みの中心となる言葉を置くことにした。和を大切にすれば戦も起こらない。すでに倭の国は、その象徴としての天皇という存在を置いている。

その柱を取り囲んで五本の言葉の柱を置く。

一つは信。自分を信じ隣人を信じることで国は強く豊かになるからだ。
一つは善。国から悪を減じ善を増やす心を養うことに努めること。
一つは健。民の心身が健やかで喜びとともにある国を目指す。
一つは技。人には美を求める心がある。その心を豊かにする技を育むこと。
一つは民。民あっての国という基本を見失わないこと。

私はこれらの言葉を、政《まつりごと》を行う者が決して忘れてはならない憲法とすることを考えた。
しかしどうやら、このことを父の蘇我馬子に伝えた頃から、父と私との間に亀裂が生じ始めた。相変わらず父は、私の提案に耳を傾け、都づくりの提案に関しては多くを受け入れ実行に移した。しかし、この言葉の柱に関しては頑として受け入れようとしない。

無理もない。父が手本としているのは中国の皇帝だ。そこでは法は民に守らせるものとしてある。それを犯せば罰を与える。私はそのような法ではなく、国を治める権力を持つ王や官吏が守るべきものとしての法が必要だと思ったのだが、それは父には理解されなかった。母の言葉によれば、父の頭の中にある法は、猶太《ユダヤ》教において民が守るべき律法のようなもので、律法が神の言葉を記したものだとすれば、どうやら父は神になろうとしているに等しいと思われた。

私の意見は次第に受け入れられなくなり、それに応じて、私のことを影で悪く言う臣たちも増えた。ただ父やその側近たちは、私が憲法というものを創りましょう、と言ったそのことは良しとしたが、私の考えとは全く異なるものをどうやらつくりはじめている。

それを知った時、私は事を荒立てずに静かに身を引き、想いを込めた夢殿のある斑鳩《いかるが》の里に住まいを建てて隠居し、この国の行く末を見守ることにした。

推古三十年、西暦六一九年、厩戸皇子の母が亡くなり、次いで皇子の妻、そして皇子が同じ年に相次いで亡くなった。死因は病とされているが、定かではない。

第三話　阿弖流為《アテルイ》

比類なき勇者アテルイは、一瞬、西から来た漢《おとこ》、坂上田村麻呂《さかのうえのたむらまろ》の言葉を信じて良いものかと迷った。それはアテルイがそれまで経験したことのない感覚だった。そのときアテルイは、自分が踏みしめている大地の確かさが失われていくような気持ちを覚えた。そんなことはかつてなかった、というより、発せられた言葉を疑うなどということ、それはあってはならないことだった。

アテルイにとって、ひとたび人の口から自分に向けて発せられた言葉は、そのまま受け取るものだった。アテルイだけではない。アテルイの仲間《ウタリ》たちも父も母も祖父も祖母も、みんなそうして生きてきた。

この一帯で大地の恵みと共に生きるアテルイたちにとって、言葉とはそういうものだった。言葉は山の神《カムイ》、海の神、河の神、風の神、火の神、大地の神たちと同じように人の神《カムイ》が授けてくれた、人々の命を活かし心をつなぐための聖なる響き、人《アイヌ》と人とが助け合って共に生きるための聖なる響き、人に幸をもたらしてくれる言霊《ことだま》にほかならなかった。

遠いとおい昔、西国の戦人《いくさびと》たちが遥か彼方の陽が沈む国から、アテルイたちの先祖が暮らしていた場所に大挙して攻め込んできたことがあった。アイヌたちの村《コタン》の多くがたちまち滅ぼされ、勢いに乗った西国の戦人たちは、さらに多くのコタンを滅ぼし、とうとう、峠を越えれば無数のコタンがあり、無数のアイヌが暮らす白い川の峠を越えて攻め込んできたとき、アテルイの祖先たちは一致団結して西国の戦人たちの軍勢に抗戦を開始した。

アイヌたちは果敢に戦い、戦いは熾烈を極め、双方に甚大な被害が出た。いくつもいくつもの戦が繰り返され、さらに多くの人々が死んだ。やがて互いの疲弊が限界にまで達したとき、彼らが倭の国と呼ぶ西国の長《おさ》から和平の提案が持ち込まれた。

倭の国は白い川の峠を越えて東には攻め込まぬ。同じようにアイヌたちも白い川の峠を越えて西には攻め込まぬという約束をする。その印として、双方が認めた人物を、天皇という、人であると同時に人の神《カムイ》を象徴する存在として置く。天皇は武力を持たず、双方の人々の暮らしを見護る存在とする。

天皇は倭の国が有するあらゆる技、米をつくる技、そのために必要な道具をつくる技、病を治す技や大きな社《やしろ》をつくる技などを必要であればアイヌに伝える。その代わりアイヌは、アイヌの土地で採れる自然の恵みを天皇に献納し、その際に互いの和平の心を確かめ合う。そうした約束を末代まで守りきるために天皇は、それらの全てを儀式という形と動作に表わし、それを毎年つつがなく行い、正確にそれを伝え続ける。

そうして倭とアイヌとは互いに戦《いくさ》を止め、春夏秋冬の自然の営みが百回も繰り返され、さらに歳月が流れ、やがて互いの行き来も次第になくなっていった。そうしてさらに百回もの歳月の繰り返しが過ぎた頃、倭の国の都が、彼らが奈良と呼ぶ場所から京都という場所に遷《うつ》ってからしばらくして、突如、西の国の戦人《いくさびと》たちが先祖たちの約束を破り、白い川の峠を越えて攻め込んできた。

西の国は数えきれないほど多くの戦人を引き連れて攻め込んできた。一体どうしてそのようなことになったのかはわからない。過去の約束を伝え続ける役割を持つはずの天皇はなぜ止めなかったのか？

何れにせよアイヌたちは、突然、否応なしに西の国の完全武装した戦人たちに相対《あいたい》することになった。

西国の戦人たちは槍や刀や弓矢などの武器という名の凶器を持ち、体を守る硬い鎧《よろい》というものをまとって攻め込んできた。刀であれ槍であれ弓であれ、戦人が手にする武器は、獣ではなく人の命を奪うためのものだった。考えてみれば古い言い伝えのなかにはそのようなことも含まれてはいたが、アイヌたちはそのことをすっかり忘れていた。

戦人が身につけている鎧は、自分の命を他者の武器から守るためのものだった。人を殺すための武器という凶器がなければ、鎧は必要のないもののように見えた。

アテルイたちの郷《コタン》にも、西国の戦人が手にしている刀や槍や弓に似たものはたくさんある。獲った獣の皮を剥ぎ、肉を切り分ける刃物、野の草を刻む刃物、藪を切り開く刃物、木を斬り倒すための斧。熊《イオマンテ》を仕留めるための槍、鳥を射るための弓矢もある。

けれどそれらはみな、魚や獣や鳥などの、自分たちの命を養う命を得るためのものであって、仲間《ウタリ》である人を殺すためのものなどではない。あたりまえだが人の命は、殺されるために神から授かったのではない。人は生きるためにこそ生まれる、それは熊も鹿も栗も虫も海辺のアサリも草《キナ》も木《ニ》も水《ワッカ》もみんなそうだ。みんなそれぞれの神《カムイ》から授かった命を生かすために生きる。

鎧を着た西国の戦人たちは違った。西国の戦人たちは、彼らの国から遠く離れたアテルイたちのところにやって来るなり、いきなり手当たり次第にアイヌたちを殺し始めた。どうしてそんなことをするのか？　熊や鹿や鮭やアケビなどと同じように神々に生かされている人の命をなぜ人が奪うのか？　西国の戦人たちは人ではないのか？　人の形をした、人とは違う何かなのか？　だとしたら彼らをつくった神とはどんな神なのか？

もちろんアイヌたちも狩もすれば漁もする。どんな命も命を食べて生きている。だからアイヌたちは獣や魚を獲る。ドングリや春には芽を出すワラビを採りもする。それは神々から命を授かったものが生きていくために必要な儀式だ。

同じように狼や熊も鹿や兎などの命を獲って生きる。鹿もまた花を咲かせ実を実らせる草木の命を摂って生きる。栗の木は大地の命を吸って大きくなる。

命あるものはみんなそうだ。鮭は海の水が養う小さな命を食べて育つ。大きくなって自らが生まれた川を上り、命を燃やして卵を産み、そして死ぬ。死んだ鮭の体が無数の小さな命を養う。そうして命が巡る。

大地に生きるものも海に生きるものも、川に生きるものも空に生きるものも、みんなそうしていろんな命を摂って自らの命を生かし命をつなぎ、子どもたちを育てる。だから、自らとウタリたちの命をつなぐためにでなければ、どんな命も軽んじてはならない。獲った命は決して無駄にしてはならない。食べ尽くさなくてはならない、そうして獲った命を自らのなかで活かし続けなければならない。骨も毛皮も大切に用い続けなければならない。やがて自分に死が訪れれば、自分の体も大地に還る。そして草木や多くの虫たちの命を生かす。

けれど、鎧を着た西国の戦人たちは違った。遠いところから群れをなし武器を持って現われて、アイヌたちが命を寄せ合って生きる郷《コタン》を見つけると、いきなり襲ってアイヌたちを殺し蓄えを奪い、そしてコタンに火をつけた。

そんなことをいたるところでしながら、数えきれない数の西国の戦人が攻め寄せてきた。海の大きな波が仲間《ウタリ》たちを飲み込み押し流すようにしてウタリたちの命を奪ってきた。時に火を吐く山のカムイでもなく、立っていられないほど揺れて家々を壊す大地のカムイでもなく、そのあとに全てを押し流す波を起こす海のカムイでもない人が、人であるアイヌを殺す。

どうしてそんなことをするのかがアテルイたちにはわからなかった。わかるはずもなかった。もしかしたら西国の戦人たちは人を喰うのか、とも思ったがそうではなかった。西国の戦人たちはウタリたちを殺すと、死体をそのまま地面に置き捨てて進んだ。自らの命を生かすためでないのなら、何のために殺すのか？　彼らはコタンを焼き払うとさらに攻め込んできた。

ひとしきり暴れまわると西国の戦人たちは、火を焚いて食事をし、天幕を張ってその中で眠った。西国の戦人たちはアイヌたちと同じように鹿やウサギも食べたが、それより、大量の米というものを持ってきていて、それを毎日食べた。多くの戦人たちの命を、それで賄《まかな》っている。西国の戦人たちは小さな砂利のような硬い米に水を混ぜ、それを火にかけて柔らかくして食べる。

そのコメが尽きることのないよう、彼らは米を、まあるい輪のついた、牛に引かせる荷車というもので大量に運びながら進んできた。ウタリたちのなかには捕らえられて、殺されずに力仕事をさせられたり荷を運んだりするために生かされている囚《とら》われ人たちもいた。

囚われ人たちは腰に縄を結わえられて三人一緒に繋がれ、両脚は肩幅くらいの長さの縄で結ばれ、手には袋を被せられた。足を縛られるのは走って逃げたりさせないためだろう。何かの拍子に運良く逃げ出すことができたウタリのなかには、いつの間にか西国の戦人たちの言葉を話せるようになったものもいる。

なんとか逃げ出してきたものもいたが、囚われ人だったアイヌたちにはもう、帰るコタンが無かった。焼き払われてしまったコタンもあれば、いつの間にかコタンのあった土地《トイ》が、米を作る稲田というものに変えられてしまっている場所もあった。西国の戦人たちはそうして彼らの土地を広げてきた。

もしかしたら西国の戦人たちは、自分たちと同じような暮らしをする人たちを増やすためにアイヌのウタリを殺し、あるいは追い払っているのかもしれないとも思えた。しかし土地《トイ》はもともと誰のものでもない。山も森も川も野原も、あらゆる命の営みのために、多くの神々が私たちに与え置いてくれたものだ。だから森をなくし、野山の形を変えて平らにし、川の水の流れを変えて稲田をつくるというのは、神々の想いに背くことだ。

山の形を変えれば山のカムイが気分を害さないはずがない。山が怒って火を吹けばもう、怒りが鎮まるのを待つほかに手立てがない。川の流れを変えれば、川のカムイが気分を害す。そうして川のカムイが空のカムイや風のカムイや水のカムイと一緒になって台風《ルヤンペ》を起こせば、天から降ってきた水が川から溢れて全てを海《アトゥイ》へと流し去ってしまう。

西国の戦人たちは神々の怒りが怖くはないのだろうか。神々の慈しみを受けたくないのだろうか。土地《トイ》を米の草で覆いつくせば、西国の人たちは生きていけたとしても、それ以外の多くの命が生きていけなくなる。トイは西国の人たちだけのものではない。それより何より、神々の恵みにあふれた暮らしが、そこではもうできなくなる。無数の命がもたらす無数の喜びを享受できなくなってしまう。

けれどアイヌたちの中には、西国の戦人たちに奪い取られたトイで暮らし始めたものもいる。田を耕したり米の草を育てるために連れ去られた女たちの中には、西国の戦人の子どもを宿し、産み、育てているものもいるという。

その子はおそらく、アイヌの血を分けた子であったとしても、すでにアイヌではない。その子は無数の命が見守る中で育たないからだ。西国の戦人たちはそうして野山を彼らの田畑に変えていく。アイヌを倭人に変えていく。

西国の戦人たちは、支配下に置いた場所では、アイヌの先祖の記憶を呼び覚ますようなものをことごとく徹底的に消滅させる。西国の戦人たちはそのことに異常なまでに執着する。だからウタリたちは西国の戦人が攻めてくれば逃げるしかない。それでもさらに攻めてくれば、やはり大切なコタンや女《メノコ》や子どもたちを守るために、何とかして西国の戦人たちの侵略を食い止めるしかない。

このままではアイヌのすべてのトイが奪われてしまう。だから多くのコタンのアイヌたちが集まって、西国の戦人たちを待ち受けて、進軍をくい止める工夫をすることにした。それで救われたコタンがいくつもある。

アテルイはそんな工夫のいくつもに関わってきた。そしてその多くを成功させた。だから今では多くのウタリたちがアテルイに工夫の相談に来る。ウタリたちのなかには、自分たちのコタンを守るために槍や刃物や弓を西国の戦人たちに向けるものもいる。とりわけ血気盛んな若者たちのなかには、自分たちのコタンを踏みにじられることに我慢ができず、戦人たちを殺すために槍や刃物を持って立ち向かう者も少なくはない。

しかし到底、人を殺すことでは西国の戦人たちに敵《かな》うはずもない。第一、西国の戦人が手にする武器は凶器そのものだった。それにアイヌたちには、生きるための獲物を得るために作られた得物《えもの》を人に向けることにはためらいがある。

逆に西国の戦人たちは、逃げることしかしなかったアイヌたちが武器を手にして刃向かってきたことに、さらに仲間たちが殺されたことに、なおいっそう怒り狂って凶暴になり、女子どもたちを含めてコタンのアイヌたちを皆殺しにし始めた。それも見せしめのような残忍な仕返しのようなことをしさえした。

そんなことが何度か繰り返されたのち、長《おさ》たちが集まって対策を話し合った。その最初の話し合いの中にアテルイもいた。多くの長たちのなかには、抵抗をすればするだけ犠牲者が増えるだけだから、いっそ彼らの門下に下ろうと言うものもいないではなかったが、それはあまりにも危険だ、女たちがどんな目にあわされるかわからない、それより何より戦人たちは人の命を奪う蛮人ではないか、と一斉に反対された。

集まったなかではアテルイはもっとも若い方だったが、最初から、神々から与えられた我々の土地《トイ》は何としても戦人の血塗られた手に渡してはならない。彼らの進軍は、あらゆる知恵を集めてくい止めなければならないと主張した。どうやって？　と問う長老たちに対してアテルイは、かねてから考え心に秘めてきたさまざまな工夫を伝えた。

それに対して訝《いぶか》るものもいるにはいたが、アテルイのコタンではもめ事が少ないことや、何かあったとしても、アテルイがその都度うまく処理していることなどが広く聞こえていたので、話を続けるうち、では西国の戦人たちが攻め寄せてきたら、今度はお前が指揮をとって、その工夫とやらの効果を試してみるがよいということになった。


そんな合議があって、月が三回ほど満ち欠けを繰り返した頃、西国の戦人たちが進軍してきているとの報告がもたらされた。報告によれば、戦人たちはどうやら本格的な侵略を行おうとしているようだとのことだった。最初の攻撃地は、若き勇者モレのいるコタン。そこには六百人のアイヌが暮らしていた。半分以上が女や子どもたちだった。

それに対して西国の戦人の数は先陣の部隊だけで約四千、後に続く本陣が八千。応援のアイヌたちを招集したとしても、まともにぶつかればひとたまりもない。次第に恐怖が支配し始めた長たちの集まりの中でアテルイが口を開いた。
私《アノカイ》たちは大地《モシリ》と共に生きてきた、水《ワッカ》と共に森《ニタイ》と共に生きてきた。
今こそアノカイを生かしてきてくれた神々《カムイ》たちを頼むべき。
その限りのない力をもって蛮人たちを追い払おう。

アテルイがその場で述べた工夫とはこのようなものだった。先ずは野山を駆けることに長けた若者たちによる少数の囮《おとり》の部隊をつくって西国の戦人たちの近くに寄って姿を見せる。そしてすぐに姿を消してまた姿を表す。それを何度も繰り返す。戦人たちが矢を放っても届くか届かない場所で、石を投げたり槍を掲げたりして戦人たちを挑発する。戦人たちが攻めてくれば直ぐに森に姿を隠す。同時に、わざと木々の枝を折り足跡を残してどこに逃げたかわかるようにする。そうして戦人たちを平野から森の中に呼び寄せていく。
一方、別の仲間《ウタリ》たちが、湖の水が谷間に流れ込んでいる場所に集まって、谷を見下ろす高台で、総力をあげて水を堰《せ》き止め大量の水を蓄える池をつくる。準備ができた頃合いを見計らって囮の連中が西国の戦人たちの部隊を谷間に誘い込む。そして四千人の先陣部隊が谷間に入ったその時、高台に設けた堰《せき》を壊す。溜めた水が怒濤のように一気に谷間に流れ込み、戦人たちを押し流す。

この工夫を成功させるためにアテルイは若者たちに細かくやるべきことを指示し、巨大な堰作りの指図をした。ウタリたちは次第にアテルイの意図を理解し、みなが懸命に自分に与えられた仕事をすると共に、全員が心のなかでカムイたちに、そして先祖の霊に向かって祈りを捧げた。

結果は見事にアテルイが思い描いた通りになった。水が巨大な怒れる塊となって西国の戦人たちの群れに向かって怒濤のように流れ落ち、泥水となって戦人たちをのみ込んで西国の部隊を殲滅《せんめつ》させた。四千人の戦人たちのなかで死を免れたものはほんの僅かに過ぎなかった。

辛うじて生き残ったものが本陣に戻って部隊の壊滅を告げた。誰もが驚愕はしたが事態を受け入れることができなかった。どうしてそんな天変地異のようなことが突然起きたのか？本当に何千人もの部隊が戦わずして壊滅したのか？　自ずと生じた疑心暗鬼が西国の戦人たちを狼狽《ろうばい》させ、なかにはアイヌの神の祟《たた》りではないかと恐れるものもいたが、蝦夷《えみし》征伐隊長は動揺する部下たちを叱咤激励して、本隊の中から四千の精鋭部隊をもう一度編成し直し再び進軍を開始した。

しかし結果は同じだった。今度は大規模な土砂崩れが起き、千人以上もの戦人を生き埋めにした。すっかり戦意を喪失した討伐隊は京都に逃げるようにして引き返して朝廷に惨状を報告した。

時を待たずしてさらに大きな蝦夷征伐隊が編成されたが、西国の戦人たちは、アテルイの工夫に至るところで翻弄された。アイヌたちは自分たちが暮らす山野を、季節による変化も含めて熟知しており、アテルイの工夫は自然や土地の特殊性をうまく利用したものだった。

西国の征伐隊のもうひとつの弱点は、部隊の規模があまりにも大きいということだった。国を治めるための官僚機構の権威づけやその運営には長けていても、過去の教訓を忘れ、貴族的な暮らしを続けて戦闘などにはすっかり疎《うと》くなっていた朝廷は、数を頼めばアイヌたちを雑作なく蹂躙《じゅうりん》することができると考えていた。しかし山間部での少数の機動部隊による奇抜な攻撃に大部隊はうまく対処できなかった。夜中に陣地が山火事に包囲された時には、多くの戦人が同士討ちで死んだ。

それに大所帯では兵糧が生命線になる。食料が尽きれば戦《いくさ》どころではなく、部隊の維持さえ危うくなる。アイヌたちのように野山の幸で生き延びる知恵もない征伐隊は、あまりにも人数が多すぎた。稲が実る頃をあてにして大部隊を送り込んできたときなどは、アイヌの土《ト》地《イ》に近づいたあたりで、すでに支配下に置いて稲を作らせていた地域の稲が、ことごとく燃やされていたりした。

アテルイは相手の陣形や数や戦い方に応じて、季節や地形や水や風や土砂や火や疫病など、あらゆることを用いて臨機応変に工夫を凝らした。工夫には同じものなど一つとしてなく、やがて征伐隊は夜間の奇襲やどこに仕込まれているか見当もつかない大掛かりな仕掛けに怯え、どうやらそれらを仕切っているらしいアテルイを悪魔のように恐れるようになった。

もちろんウタリたちのなかでのアテルイへの信頼は揺るぎないものとなり、工夫が功を奏して西の国の戦人たちを打ち負かした最初のコタンの若き勇者モレは、たちまちアテルイの崇拝者となり、それ以後のすべての闘いに側近として参加するようになっていた。

二度にわたって送り込んだ大軍が壊滅状態になってしまった事態を受けて、朝廷は後れ馳せながら会議を開き、三度目の征伐軍を率いる大将に、西の国一帯を平定する戦の最大の功労者であり、秀でた武力と知力を持つ英雄、坂上《さかのうえの》田村麻呂《たむらまろ》を任命し、必ずや東の国を平定せよと命じて二万の大軍とともに送り出すことにした。遠い過去の和の約束のことは京都の天皇にはもはや伝えられてはいなかった。

田村麻呂は大軍よりむしろ数千の精鋭部隊をと願ったが、戦《いくさ》とは何かを知らぬばかりか、個々の兵士の命など意にも介さない朝廷は、色とりどりの武具を身に付け、無数の旗を掲げた大軍の陣容の壮麗さを優先して出陣の礼を執り行い、討伐をやり遂げるまでは都に戻るなと厳命して坂上田村麻呂を送り出した。

白河の関を越えたあたりで田村麻呂は大部隊を残し、斥候《せっこう》が目星をつけたアイヌのコタンの一つを落とすべく、三千の兵士たちの中から三百の精鋭たちを自らが率いてアイヌたちを挑発するかのようにゆっくりと進軍した。まずはアイヌたちの戦い方を見るためだった。

アイヌたちのコタンはたいがい山の奥深くの四方を山に囲まれた盆地にあり、そこに至るには山あいの狭い道を通らなければならず、そこを通れば部隊が細長い帯のようになってしまう。そこに崖の上から岩でも落とされればひとたまりもない。それでなくとも戦闘は常に高い場所にいるものに有利だ。だから田村麻呂は、山あいの道の入り口あたりに陣を張り、アイヌたちの出方を待った。

ところがアイヌたちは一向に攻撃してこない。斥候を出して様子を探らせると、数十軒の家がある集落《コタン》にはすでに誰もいないという。三百人程度の先遣隊の兵士たちとともにコタンに入り家々を点検すると、茅葺《かやぶき》の家の中には食料も衣類も何もなく、アイヌたちが征伐隊を恐れて村を捨てて逃げたのだと思われた。

その日はそこに逗留することにして、兵士たちはそれぞれ手分けして久しぶりに屋根の下で眠ることにし、家々のかまどを使い米を炊いて眠ったが、そうして兵士たちが眠りに落ちた夜更け、けたたましく見張りの者の笛が鳴った。

驚いて外に出ると、無数の火矢が四方の山から降り注いでいて、すでに勢いよく燃え上がった家もあった。茅葺の屋根は火の回りが早く、あっという間に集落全体が火の海になった。兵士たちは慌てて盆地を出る道に殺到したが、しばらく進むと、いつの間にか道は伐り倒された木々で塞がれていた。

これがアテルイの戦術なのか。完全に罠に嵌《はめ》められたと思ったが、通常の戦いであれば、燃え上がった炎で逃げ惑う姿が浮かび上がった兵士たちめがけて一斉に射かけられるはずの矢が飛んでこない。放たれたのは家を燃やす火矢だけで、火の雨が止んだ後は、真っ暗な闇の中で山々はひっそりと静まり返っている。不気味なことこの上なく、兵士たちはみな、体の震えを抑えきれずにオロオロするばかりだった。

仕方なく田村麻呂は大声で兵士たちに向かって叫んだ。うろたえるな、それぞれ武器を手に取って後に続け、たとえ塞がれたとはいえ道は道、木々の壁を越えて進めば平らな道に出る。しかしアイヌたちはそこで待ち伏せしているに違いない。みな心して、出来るだけ広がってこの場を脱出せよ。

田村麻呂の声で我に返った兵士たちは炎に包まれてしまった兵士たちを残して一斉に出口

に向かい、あるものは木の壁を超え、あるものは敵の急襲に備えて両側の森の中に分け入って集落の外の平地を目指した。

ところがそうして集落の外に出ても、待ち伏せしているはずのアイヌたちの姿がどこにも見えない。それもまた罠かと兵士たちは恐れたが、田村麻呂は、どうやらアイヌたちは武器を持って渡り合うことを避けているようだと感じた。

臆病だからではない、むしろ逆だ。敵を生かして逃すことはその後に危険を残すことになる。それをあえてしているのは、彼らの意思の表明だと田村麻呂は思った。つまり彼らは、武器をかざして自分たちのトイに攻め入るな、静かな暮らしを壊すな、と言っているのだ。だからトイを去る者に関してはそれを追わないのだ。

それはどうやら明確な意思と美意識のようなものの表れに違いないとも感じた。それは田村麻呂の長い戦いの経験のなかには無い何かだった。しかし同時に、彼らはこれまで朝廷が二度にわたって送り込んだ数万の大軍を敗退させていた。なかには数千の兵士が一瞬にして壊滅した戦いさえあった。

かつての戦いにおいても、朝廷が東山道と呼ぶ、蝦夷《えみし》に至る山道に設けた白河の関を越えるまでは、それほど強い先住の民による抵抗のようなものはなかった、命じられて野山を開墾し、稲を作るための田造りや稲を植えて米を収穫することも、それほど厭《いと》いはしなかった。それが白河の関を越えたあたりから事態が大きく変わり始めたとのことだった。進軍に強固に抵抗する集落が現れ始めたのだった。征伐軍はそのような集落を焼き払い、刃向かうアイヌたちを皆殺しにして進んだが、ある時から急にアイヌたちが、刀や槍を手にして征伐軍の兵士たちに向かってくることがなくなった。そして征伐軍の部隊が不思議な負け方をし始めた。それはどうやらアテルイと呼ばれるアイヌが指揮を取り始めてからのことだということが分かった。

田村麻呂は遠征を始める前に、先の征伐戦で逃げ戻った者たちから詳しく話を聞いていた。兵士たちや敗軍の将たちの話を分析するうちに、田村麻呂はアテルイの戦い方にいくつかの特徴があることに気づいた。最も大きな特徴は、戦いの場にアイヌが姿を現さなくなったということだった。つまり武器を持って朝廷の軍と刃を交えることをしなくなった。そのことをおそらくアテルイが部下に禁じているのだと思われた。

戦の常識においては、戦というものは互いの兵が武器を持ってぶつかり合い相手を多く殺したものが、あるいは捕虜を多く獲得したものが勝者であるとされてきた。そうである限り勝敗を左右するものはまずは兵士の数であり、そしてどちらの武器が優れているかだった。

倭の国と名付けた巨大な島の南の大半を朝廷はすでに支配下に置いていた。もともと大陸から渡ってきた朝廷の配下に属する者たちには、鋭くて強い鋼で槍や刀をつくる高度な技があり、強い弓を作る方法にも長けていたこともあって、容易に勢力を広げることができた。しかも稲作という、大量の米が収穫でき保存も容易な農業によって多くの人を養う技も持っていたために、それを広めることで、瞬く間に朝廷が支配する地域を増やしていくこともできた。

しかし白河の関を越えた東北の国に暮らすアイヌたちは違った。彼らは倭の国の習慣を受け入れることを頑なに拒んだ。前任の討伐隊長たちは力攻めをしていくつかの集落を壊滅させたりはしたが、そのうち多大な犠牲者が出始め、アテルイが指揮を取り始めてからは、戦わずして数千の兵士を要する部隊が敗退する事態がしばしば起こり始めた。

しかも土砂崩れや濁流など、まるで天変地異を味方につけた悪霊と戦っているかのようで、兵士たちの士気はみるみる萎えたらしい。敵の姿が見えないまま被害ばかりが積み重なる戦いの中で、第一回目の討伐隊は八千人の犠牲者を出して撤退し、第二回目の討伐隊も一万二千の兵士を失うという壊滅的な打撃を受けて意気消沈して京に戻ってきた。

そこで倭の国の領土獲得と統一の戦いにおいて大活躍した歴戦の将である坂上田村麻呂が

討伐隊を率いることになったのだが、しかし田村麻呂は朝廷の軍がこれまで展開してきたような、平地での数を頼んでの掃討作戦は、アテルイ率いるアイヌには通じないだろうということが分かっていた。

先遣隊の敗残兵の話を聞く限り、被害は全て山間部で起きていた。平地にもアイヌたちの集落がないことはなかったが、それは海辺に限られており、それも背後に山を背負っている集落がほとんどだった。平地に陣を張る部隊の兵糧を闇に紛れて焼失させたりすることは稀にあっても、彼らは決して平地では戦わず、大部隊が展開できない山間部に誘い込むと、そこで想像を絶する攻撃を仕掛けてきた。

地形などを知り尽くすアイヌたちの、岩や土砂や水や火や木、時には熊や狼などの獣さえ巧みに用いての攻撃、さらには一つの部隊の全員が奇妙な病気にかかるなどして、討伐隊は進めば進むほど削ぎ落とされるように兵士の数を減らしていったとのことだった。

彼らの領地のかなりの奥まで攻め込んだように見えても、実際にはアイヌの犠牲者はほとんどなく、討伐隊の兵士ばかりがその数を減らす戦いは、進軍それ事態が自ら罠に落ちていくようなもので、結局、朝廷軍は疲労と恐怖に苛《さいな》まれ、それが限界に達したところで後退せざるを得なくなってしまうのだった。

遠征前に、そして進軍の途中でこうした過去をつぶさに分析した田村麻呂は、白河の関の手前に達した頃には内心、この先のアイヌたちの聖地に軍を進めることは得策ではない、というより無意味な愚策だと思うようになっていた。

もともとは大陸から渡ってきた民を祖先とする倭の国は勝れた国だ。建造技術や金物の技術をはじめ多くの優れた技を持っている。文字を駆使して国を祀《つかさど》る様々な方法を編み出し、先人の知恵も含め、それを書き記して保管もしている。稲作による安定した暮らしと、それを官吏が計画的に運営する統治の仕組みもよく考えられている。

また、言葉はあっても文字を持たない先住の民の音を重視する言葉と、意味を重視する漢字とを融合させた和歌という、倭の国独特の新たな詩の形式を編み出し広め、民の心に染みると同時にどこか高尚な文化の香りのする雰囲気を醸し出して朝廷に対する憧れのようなものを民にもたらすことにも成功した。

つまり朝廷の民になって官吏の指示通りに稲作をして収穫の一部を朝廷に収めれば、朝廷と朝廷が擁する武人たちの庇護のもとに、安心して安定した暮らしを送ることができるということを知らしめたおかげで、武力で強いなくても次第に、進んで朝廷の支配下に入ろうとする民も増え、だからこそ急速に領土を広げることもできた。

# 刊行案内

No. 57

（本案内の価格表示は全て本体価
ご検討の際には税を加えてお考え

ご注文はなるべくお近くの書店にお願い
小社への直接ご注文の場合は、著者名・
数および住所・氏名・電話番号をご明記
体価格に税を加えてお送りください。
郵便振替　00130-4-653627 です。
（電話での宅配も承ります）
（年齢枠を超えて柔軟な感受性に訴える
「８歳から８０歳までの子どものための」
読み物にはタイトルに＊を添えました。
際に、お役立てください）
ISBN コードは 13 桁に対応しております。
総合図

未知谷
Publisher Michitani

〒 101-0064　東京都千代田区神田猿楽町 2-5-9
Tel. 03-5281-3751　Fax. 03-5281-3752
http://www.michitani.com

8歳から80歳までの子どものためのメルヘン

# 岩田道夫の世界

## 田道夫作品集　ミクロコスモス ＊

した作品は一切他人の目を意識せず、ひたすら自分のためだったと彼は
，極めてわずかな機会以外は作品を発表することもなかった。母の従兄
とる氏に読んでもらう以外はまったくの独学で、夥しい量の時間を、ひ
川で創作と勉学と研究に費やした。岩田道夫の美術作品。フルカラー
天才だよ、作品が残る。生きた証も人柄も全てそこにある。
それでいいんだ。」（佐藤さとる氏による追悼の言葉）

A4判並製 256頁 7273円
978-4-89642-685-4

## りない海 ＊

ま　本棚の中で／書物が自分で位置を換え／ドオデが一冊　ゾラの上へ
登ったりなにかすることに／お気づきですか？表題作他10篇。

192頁 1900円
978-4-89642-651-9

## 靴を穿いたテーブル ＊

れテーブル！　言い終わらぬうちにテーブルはおいしいごちそうを全部
のせたまま、窓を飛び越え、野原をタッタッと駆け出しました。……
作より）全37篇＋ぷねうま画廊ペン画8頁添

200頁 2000円
978-4-89642-641-0

## 楽の町のレとミとラ ＊

丘の上で風景を釣っていました。……えいっとつり糸をひっぱると風景
そりはがれてきました。プーレの町でレとミとラが活躍するシュールな
挿絵36点。

144頁 1500円
978-4-89642-632-8

## ァおじさん物語　春と夏 ＊

978-4-89642-603-8 192頁 1800円

## ァおじさん物語　秋と冬＊

978-4-89642-604-5 224頁 2000円

が心のどこかに秘めている清らかな部分に直接届くような春夏
-のスケッチ、「春と夏」20篇、「秋と冬」18篇。

## あらあらあ　雲の教室 ＊

ールなエスプリが冴える！　**連作掌篇集　全45篇**
に出ている椅子は校長先生なの？　苦手なはずの英語しか喋れない？　空
成績の悪い答案で出来た紙飛行機が攻めてくる！　給食のおばさんの鼻歌
ろんな音に繋がって、教室では皆が「らあらあらあ」と笑い出し……

192頁 2000円
978-4-89642-611-3

ふくふくふくシリーズ　フルカラー64頁　各1000円

ふくふくふく　**水たまり＊**　978-4-89642-595-6

ふくふくふく　**影の散歩＊**　978-4-89642-596-3

ふくふくふく　**不思議の犬＊**　978-4-89642-597-0

ふくふく　犬くん　きみは一体何なんだい？　ボクは　ほんとはきっと　風かなにかだと思うよ

## イーム・ノームと森の仲間たち ＊

128頁 1500円　978-4-89642-584-0

イーム・ノームはすぐれた友だちのザザ・ラパンと恥ずかしがり屋のミーメ嬢、そして森の仲間たちと毎日楽しく暮らしています。イームはなにしろ忘れっぽいので　お話しできるのはここに書き記した9つの物語だけです。「友を愛し、善良であれ」という言葉を作者は大切にしていました。読者のみなさんもこの物語をきっと楽しんでくださることと思います。

しかし白河の関より東北を棲《す》みかとする東の国のアイヌたちは違った。川が流れる山間部で暮らし、獣や果実や木の実や魚などを採って暮らす彼らは、倭の国のやり方を受け入れようとはしなかった。アイヌたちの郷《コタン》は小さく、大きなものでも数百人が暮らすに過ぎなかったが、逆にそれくらいであれば、四方を自然の恵み豊かな山に囲まれた清らかな水が流れる場所で暮らし続けるには何の問題もなかった。

郷は点在していて、互いに他の郷を襲ったり暗黙のうちに了解されている領域を脅かしたりすることもなかった。つまり森の中の盆地で暮らすには不都合なほどの大所帯になって食べ物を得るのに苦労するより、小規模での暮らしを維持する方が、互いに暮らし易かったということなのだろう。

彼らは文字を持たなかったが、四季の移り変わりと共に生きるアイヌには、歌もあり踊りもあり、季節ごとの祭りなどの楽しみもある、というより、自然と共に生きる暮らしは日々の楽しみが多い。何か特別なことがあるたび寄り集まって踊ったり、先祖から伝え聞いた話を、長老たちから聞いたりしているとのことだった。つまり倭の国と違ってはいても、彼らには彼らの楽しみや幸せや秩序があり、それを奪われることに対しては頑強に抵抗するということなのだろう。

もっともなことかもしれないと田村麻呂は思った。だから倭の国が白河を超えてアイヌを脅かしたりさえしなければ、おそらく彼らも白河を越えて、すでに倭の国の統治下にある人々の暮らしを脅かすこともない。それは彼らの郷が互いの領分を侵犯しないのと同じなのだろうと思われた。

しかし倭の国は違う。重要なのは国を大きくすることであり、さらに大きくし続けることだった。だから軍事力は米の採れ高と同じように最重要課題であり、さらに国が大きくなればなるほど、天皇の権威を核とする国体を維持する制度や体制の確立が不可欠だった。

もちろん平定した民への配慮は武力と同じくらいに重要だ。暮らしの安定と、それぞれの慣習を組み込んだ祭事、その中心としての神社、そして倭の国の精神的秩序の要《かなめ》である仏教と、そのありがたさを民の心に宿し、民の一体感と憧れをつくり出すための壮麗な寺社を建造する。そうした諸々の政策によって倭の国は着実に国を大きくし、民を安寧に養う仕組みを定着させてきた。

だから、それを良しとし、それに与《くみ》する者にとっては倭の国は頼り甲斐《がい》のある、あるいは傘下に入るに足る国だろう。しかし気が遠くなるほどの長い年月をこの豊かな島国で暮らし続けてきたアイヌから見れば、領土を拡大し続ける倭の国は奇妙な国に映っているに違いない。一つの山、あるいは一本の川が養える人の数は限られているからだ。人ばかりではない。

獣の数も自ずと限られる。かりに領土を広げ続けることができたとしても、拡大はやがては海に阻まれる。

　つまり国土のほとんどが森である島国で悠久の時を生き続けてきたアイヌには仏教とは異なる彼ら独自の精神基盤がある。だからこそ戦いと融和によって拡大し続けてきた倭の国は、先住の民を武力で制圧する一方で、彼らの精神を取り込むための治世の仕組みとして、神社というものを寺社とは別に祀《まつ》り、神と王とを融合させた存在としての天皇を国家の仕組みの中枢に置いて勢力を拡大し安定させることができた。

　それから長い年月が過ぎた。今では倭の国は、比類なき武力もすでに擁している。だから朝廷は、もともとはアイヌたちの倭の国への侵入を防ぐものとしてつくった白河の関を、ここにきて逆に越えて一気に勢力を拡大しようと考えて討伐隊を送り込む事にしたのだろう。


　ただ、倭の国の勢力拡大と確立の最後の仕上げともいうべき戦いを担ってきた田村麻呂は、そこには二つの不見識が潜んでいると感じていた。

　一つは、アイヌはこれまで一度も、倭の国が支配下においた領域に攻め込んできたことがないばかりか、かつては彼らの土地でありながら大和《ヤマト》の支配下に入った土地を奪い返そうとしたこともなかったにもかかわらず、白河の関を越えて倭軍が攻め込むと必ず頑強な抵抗を示すという事実に対する認識不足、つまり彼らが、これまでのことはともかく、白河の関を越えての侵犯は許さないと明確な意思表示をしていることを、朝廷が重視していないということだった。

もう一つは、ヤマトは長い年月をかけて領土を拡大し、すでに配下においた土地を久しく統治しているが、そのような現実に慣れてしまったせいで、先住の民にはその民なりの価値観や治め方や生き方があり、だからこそ、武力だけではなく、そのような民をやんわりと懐《かい》柔《じゅう》し同化させる知略を駆使して独自の国を創り上げてきたのだという過去を忘れているのではないかという事だった。

朝廷を構成する貴人たちの中には戦を知らないものや役職を代々血筋によって受けついできた者も多く、先達が編み出した知略や国家の仕組みの理由を考えなくなってしまっているのではないか、知識としては分かっていても、安定的な統治が続いたせいで、そうではない国のありようというものに思いが至らなくなっているのではないか。

田村麻呂は大軍を引き連れての東への進軍の間、そのようなことをずっと考えてきた。そして白河の関に近づいた時には、アイヌを力攻めすることは得策ではないと確信するようになっていた。これまでの討伐軍の力攻めの結果を見ればわかるように、白河の関を越えて攻めれば、彼らは必死に抵抗し、しかもアテルイが率いるようになってからは討伐軍は壊滅的な負け戦を続けている。それは自分が参戦したところでそれほど変わりはしないのではないかと思われた。これ以上負け続け、私さえもが敗れたとなれば、その噂は遠からず倭の国の隅々にまで知れ渡る。それはすなわち倭の国の弱体化に直結する、と田村麻呂は思った。

大切なのは勝つことより負けないことだ。

要するに白河の関を境に互いに不可侵の和平調停を結ぶことが最善の策だ。それが可能かどうかを知るためには、アテルイと自分とが直接話をする必要がある。そこで部隊が白河の関に着いた時、田村麻呂はまず腹心の部下にアイヌ語が話せる兵士を伴わせて、そこから最も近いところにあるアイヌの集落《コタン》に自らの意思を伝えるために派遣した。

内容は、もしアテルイにその用意があるなら、朝廷軍の大将である自分が単身で赴《おもむ》いて、互いにこれ以上は戦わぬという相互不可侵の契りを結ぶということだった。戻ってきた部下によれば、では会おう、とアテルイが一呼吸置いて言ったとのことだった。こうして数百年の時を隔てて再び、倭の国の長とアイヌの長とが話し合う場が設けられた。

田村麻呂は、鎧をつけず武器も持たず、アイヌ語が話せる兵士だけを連れてアテルイが指定した場所に向かった。そこには一本の清らかな水の流れる小川があった。田村麻呂が着いた時、そこには川を挟んで二つの切り株があり、その上に熊の毛皮が乗せられていた。ここに坐って待てということだろう。そう思って田村麻呂が腰を下ろすと、森の中からアテルイと思《おぼ》しき偉丈夫なアイヌがゆっくりと現れ、田村麻呂の目を真っ直ぐ見据えてやってきて、小川を挟んで田村麻呂と相対する切り株に坐った。思ったよりも若い男だった。

私は坂上田村麻呂、倭の国の朝廷軍の総大将。
朝廷の全権を担ってここにきた。
この会見の目的は相互不可侵の契《ちぎ》りを結ぶことにほかならない。

私はアテルイ、これより東に暮らす
比類なき勇者と皆から呼ばれているアイヌの一人。
私と言葉を交わしたいというそなたと言葉を交わすためにここに来た。
私とそなたとの間でなされる言《こと》の葉《は》は全て
二人の間を流れるこの川の水がつぶさに聴き

そのすべてを天地に伝えるだろう。

比類なき勇者アテルイよ。
まずはこれまで二度にわたって朝廷軍が愚かにも
我々が白河の関と呼んでいる峠を越え
武器を持ってそなたたちの土地を奪おうとしたことを詫びる。
しかしその結果、我々は数多くの兵士を失くした。
そなたたちの天と地のすべてを味方につけた底知れぬ力のことも思い知った。
これ以上の戦いは双方にとって無意味だという結論に私は至った。
そこで私たちはこの関をこれから決して越えぬことを誓い
そなたたちもまたこの関を越えて
我らの国に入らぬ誓いを立ててくれることを願う。

私たちにはそなたたちの土地を奪うつもりは微塵もない。
だが倭の国がそう誓うというのであれば同じように我らも誓おう。
だがそなたに三つだけ聞きたいことがある。

一つは、すでに広大な土地《トイ》を支配下に置く倭の国が
なぜにそれ以上の土地を
我らが先祖代々あらゆる神々の恵みを受けて生きてきた土地までも
奪おうとするのか？
一つは、なぜ倭の国の戦人たちは人に向かって矢を放つのか？
なぜ槍や刀で人を殺すのか？
私たちも弓矢や槍や銛《もり》を使って鹿や熊や鮭の命を奪う。
しかしそれは私たちの命を生かすためだ。
同じように鹿や熊や鮭も、動物であれ植物の葉であれ
神から命を与えられている他の命を食べて生きる。
だが倭の国の戦人たちは殺した人を地面に捨て置き、さらに殺そうとする。
なぜなのか？
もう一つは、倭の国には天皇がいるはずだ。
言い伝えによればそれは、倭の国とアイヌとの和平の象徴のはず。
実際、長い長い間、倭の国とアイヌは戦いをしなかった。
それなのになぜ、その誓いを破って再び攻め込んできたのか？

天皇はそれを知っているのか、止めなかったのか？
止めても従わない連中がいるのか？

田村麻呂はアテルイの言葉に驚愕した。それはどれも倭の国を成り立たせている三つの柱と倭の国が直面している現状を的確に言い表していたからだった。
まるで岩か大樹のように悠然としてこちらを見つめる、どこまでも深く透き通ったアテルイの眼に吸い込まれそうになりながら田村麻呂は思った。この漢《おとこ》には心の底から発する嘘のない言葉しか通じない。そう思った田村麻呂は覚悟を決め、丹田に力を入れてアテルイの問いに答えた。

一つ目の問いに対して田村麻呂は、倭の国はそういう国だからだ、と答えた。倭の国の形は海の彼方の果てのない大陸の、唐や漢などの、戦によって興り、そして没した幾多の国々の形を踏襲している。大陸には豊かな土地もあれば荒れた土地もある。そこでは国は大きければ大きいほどよいとされる。広大な領土があれば飢えることがないからだ。飢えなければ民が自ずと集まる、多くの民が集まれば、より多くの領土が必要になる。だから大陸で興《おこ》った国は、常に領土を拡大しようとする。

倭の国もある程度の国土を獲得すれば、まずはその国土を治めることに専念する。しかし、それをそこそこ達成すれば領土を拡大したくなる。このたび倭の国が仕掛けた攻撃は、大陸に端を発する倭の国が内に抱え込んだ欲望によるものだ。

田村麻呂の答えは明らかに、朝廷の命を受けた征夷大将軍としての役割を逸脱していた。しかし倭の国がそのような欲望を抱えた国だということは明らかだ、と田村麻呂は思っていた。それは反乱や騒乱などを平定し、いくつもの点在する小国を支配下に置く戦の前線に立ってきた田村麻呂が、思い知らされてきた事実でもあった。

二つ目の問いに対して田村麻呂は、領土を拡大するためにも、またその領土を支配し続けるためにも強力な戦力が必要だからだと答えた。そのために戦うことを仕事とする兵士がいて軍隊がいる。

また軍隊は他の国の軍隊に勝《まさ》るためにより強力な武器を作り続ける必要がある。軍隊は戦に勝ち侵略を達成するためにあるものなので、敵を殺すことは厭わない。またそうしなければ他の国から攻められ滅ぼされる危険が常にある。しかも命令に逆らえば兵士たちは罰せられ処刑される。だから兵士たちは敵に容赦をしない。この答えもまた、倭の国の暗部を暴露するようなものだった。しかし同時にそれは田村麻呂が味わい続け、そして心のどこかで嫌悪し続けてきた現実だった。

三つ目の問いに対して田村麻呂は、かつてアイヌとの和の象徴として設けられた天皇の座は、もはや存在しないに等しいと答えた。血みどろの戦いの後に、天皇という役割を創造してまで和平を実現させた過去を、朝廷は忘れたか、あるいは忘れたことにしているように見える。

それというのも天皇の座が長く維持され、天皇家の流れを汲む貴族やその親戚などが増えて力を持つようになり、多くの官位や役割をうんざりするほどつくって増やし、彼らが天皇をむしろ利用する形で国の実権を支配し法をつくり、今ではほとんど全ての権力を朝廷が握っていて、かつては天皇の権威下にはなかったはずの軍隊さえも左右するに至っていると田村麻呂は敢えて言った。

これはほとんど朝廷批判に等しかったが、それが実態であり、官位が代々受け継がれるにつれて、何もわからない連中が権威を笠に着て好き勝手に国を動かしていることについて、田村麻呂が常々抱いていた深い諦めにも似た怒りの表れでもあった。

こうして坂上田村麻呂がアテルイの問いに対して端的に答えると、アテルイが言った。

それではそなたの言う停戦などできるはずもないではないか。

それに答えて田村麻呂が言った。確かに極めて難しい。しかし私は征夷大将軍であると同時に朝廷下の全軍を率いる総大将だ。征夷とは蝦夷《えみし》、すなわちあなたたちを撃つと言う意味だが、ほかの大将たちがことごとく敗退したため、私がその任を担うことになった。

しかしあなたたちの戦い方を見て、またこうしてあなたに会ってみて、私たちとあなたたちとの生き方に根本的な違いがあることがよくわかった。私たちの先祖が和平協定を結んだ理由もよくわかった。これ以上戦うことは無意味だと私は思う。だから和平協定を結びたいと思う。

朝廷には、私でさえ打ち負かされるのだから、これ以上の戦いは朝廷に多大な損害を与えるだけであり、これ以上負け戦が続けば、朝廷にはもはや力がない、恐れる必要もないとして、私が平定し、現在朝廷の統治下に入っている多くの勢力が反乱を起こしかねない。

そうなってしまえば取り返しのつかないことになる。これは多くの戦いを経てきた私の目には明らかだ。白河の関より先は蝦夷たちの聖地であり、それを攻めれば彼らは存在をかけて抵抗し、朝廷は国を滅ぼすほどの損失を被るだろう。したがってこれまで通り、白河の関を境に西を朝廷が、東を蝦夷が治めるとすることが得策であると、私が朝廷を説得する。

朝廷は私の提案を受け入れざるを得ない。なぜなら、あくまで攻めると言い張ったとしても、貴族たちには戦《いくさ》は出来ない。全軍を率いることができるのは私しかいないことは朝廷もよくわかっている。しかしその私とて、蝦夷たちとの戦いと、いずれ起きるであろう内部の反乱軍との戦いの両方を率いることは不可能だ。しかも私はあなたたちとは戦いたくない。このことは私自身のことであり朝廷には言わないが、しかし戦意のない戦などに勝ち目があるはずもない。

だからこの新たな和平協定は、この私が必ず締結させる。ついては、この協定は倭の国の軍の総大将と、蝦夷の長との合意であることを朝廷に示すために、私と一緒にぜひ京に出向いてもらいたい。そして和平協定は蝦夷の総意であること、この協定において白河の関より西には攻め込まないということを、あなたの口から朝廷に伝えていただきたい。

本来であれば、朝廷の代表者、できれば天皇が、この地にまできて協定を行うべきだとは思うけれども、朝廷の貴族どもには、自らの意思で長旅をしようとする者など皆無だ。しかも贅沢に慣れたひ弱な体では、しようと思っても、ここまでたどり着くことさえできないだろう。天皇には、現時点では貴族たちを説き伏せてそのようなことをする力もない。

だからあなたにお願いする。ぜひ私と共に京に行き、和平の契りを締結したのち、自らの地に戻ってそのことを同胞に伝えていただきたい。行きの旅も帰りの旅も、この私が、坂上田村麻呂が同行し、あなたの安全を保証する。あなたが白河の関を越えて京に行き、そしてあなたの郷に帰るまで必ず見守る。

坂上田村麻呂の言葉を聞いたアテルイは、この漢《おとこ》の言葉を疑うべきではないと思った。しかしそれでもなお、この漢のことはともかく、まだみたことのない倭の国や、朝廷とかいう、なにやら得体の知れないものに一抹の不安を覚えた。ただ、そうして和平が結べるのであれば、この先、やりたくもない戦をしなくて済む。アイヌのコタンに再び平和が戻る。

アテルイは、もう一度、坂上田村麻呂の言葉を心の内で反芻した。その時、一筋の木漏れ陽が、流れる小川の水面《みなも》に射し、それが透きとおった水の底を映し出した。それに目を留めたアテルイは、田村麻呂の言葉のすべてを全身で呑み込むことを決意した。

わかった田村麻呂。
私がウタリの総意とともに京に行き
そなたのいう和平協定を取り結ぼう。
そのこと、この場を流れる清らかな水に誓って行おう。

こうしてアテルイは坂上田村麻呂と共に京に向かうことにした。そのことを仲間《ウタリ》たちに伝えた時、真っ先に若き勇者モレが反対した。倭の国が和平協定をもし望むのであれば、協定はこの場所で行うべきだ。アテルイが敵の真っ只なかに行くのではなく、田村麻呂が、天皇か朝廷のしかるべき人を連れてくるべきだ、どれだけ時間がかかろうとそうすべきだ、とモレが頑強に主張した。本来ならそうすべきだとアテルイも思った。

しかしアテルイは、田村麻呂の言葉から判断すれば、すでに強大な国になって久しい倭の国が、そのようなことを受け入れるはずがない。遠い昔、かの国の先祖たちが天皇をたてて和平を申し込んできた時には、倭の国は今よりもはるかに小さかった。私たちの勢力の方が、どちらかといえば大きいくらいだった。だから和平を提示し、もともと人と人との殺し合いなどしたくない私たちの祖先たちがそれを受け入れたのだ。

しかし今は違う。倭の国は今や強大で戦人の数も多い。私たちはどちらかといえば、今や追い詰められている。これまでなんとか侵略を工夫を重ねてしのいではきたが、それももう限界にきている。もしモレの言葉を朝廷が聞けば、これまでに倍する軍勢で攻め上ってくるかもしれない。朝廷は戦人の命がどれだけ失われようと意に介さない。何度でも、繰り返し大軍を送り出してくるかもしれない。

田村麻呂がこのような提案をしてきたことは、今が、これから先に起きるかもしれない血みどろの戦いを避ける最後の機会なのかもしれない、とアテルイは言った。それに私は、すでに田村麻呂に、私が京に行く、と答えた。流れた水を取り戻すことができないように、その言葉をいまさら覆《くつがえ》すことなど私にはできない。

私はすでに、田村麻呂が櫂《かい》を操る船に乗り、運命の水に全てを委ねることを決意したのだ。それに私はこのことに一縷の望みを抱いている。それは京で天皇に会って直接言葉を交わすということだ。もしかしたらそのことで何かが開けるかもしれない。かつて祖先たちもそうしたのだ。だから、とアテルイは言った。清らかな水に誓って言った私自身の言葉に従おうと私は思う。

それを聞いたモレは、それ以上は何も言わずに黙ったが、しばらくして、それでは私が同行します、そしてこの身を挺してあなたをお護りいたします、と言った。アテルイは一人で行くと言ってモレを制したが、モレはどうしても行くと言って譲らなかった。

京に着いてすぐに坂上田村麻呂は経緯を朝廷に報告した。しばらくしてアテルイとモレに、朝廷の御殿に二人だけで上るようにと指示があった。そしてアテルイとモレは朝廷の内裏《だいり》に入ったが、そこで即座に首を刎《は》ねられ、坂上田村麻呂は任を解かれた。

その後、二人の死を悼む人、あるいは祟《たた》りを恐れる人々によって、京の東の清らかな泉が湧き出る音羽の森に、アテルイとモレの墓がつくられ、同じ場所に清水寺が建立《こんりゅう》された。

歴史書には「八〇二年征夷大将軍坂上田村麻呂に降服、田村麻呂の助命嘆願にも拘らず斬殺さる」と記される。

# 第四話　順徳天皇

源　実朝《みなもとのさねとも》が、あろうことか鶴岡八幡宮の境内で不意打ちに会い暗殺されたという知らせが入った時、二十一歳だった順徳《じゅんとく》天皇は、驚愕、憤怒、危機感などが重り合った言いようのない激しい感情が体の芯から湧き上がるのを覚え、全身の震えが止まらなかった。

我欲のために謀略で人を貶《おとし》める悪人や、猜疑心の塊となって前後左右を見失う愚者、蛮勇ばかりを誇る命知らずの無骨者や、戦で敵を倒してのし上がっていくことに血道を上げる凶暴で無知な蛮人どもが、したり顔で人を率い、国の主でもあるかのように大手を振って勝手気儘《きまま》をすることなど決してあってはならないこと。それに鶴岡八幡宮への参拝は、鎌倉幕府にとって最も重要な行事、その参拝の最中に征夷大将軍、鎌倉殿が殺されたのだ。

しかも実朝は、武人とはいえ優れた和歌を詠う歌人だ。政《まつりごと》の最高位にある天皇が久しく護り、依るべき心の置き所として大切にしてきた和歌を知る武人だ。そんな人物が偏狭な覇権争いのなかで不意打ちという卑劣な手段で殺された。

順徳天皇は和歌という、たおやかで、しなやかで優しい、他に比類のない和の国の個有の美の結晶さえもが無視され、汚れた足で踏みにじられた思いがした。とうとう行き着くところまで行ってしまった、越えてはならない一線を、敬意どころか、一抹の配慮も思慮すらなく越えてしまった、とも思った。


この国の十二世紀は乱世だった。順徳天皇が生まれる前からすでに前代未聞の乱世が続いていた。どこに大義や信義があるのかさえわからないほどに乱れきった状況のなかで、権威も慣習も恩義も蔑ろにする謀反、あるいは疑心暗鬼や我欲による混乱が一触即発の無意味な対立につながり、そして血で血を洗う殺伐とした乱世が続いていた。

第一、朝廷そのものが内部から崩壊し始めていた。鳥羽《とば》法皇が病で倒れるや否や、上皇だった崇徳《すとく》前天皇が新たに天皇の座に就いた後白河天皇に抗して旗を挙げるという、内部崩壊そのもののような保元《ほうげん》の乱が起き、応じて源義朝が子飼いの武士たちを率い、親兄弟を敵に回して後白河天皇の側に付き、また平清盛も、源義康等と共に旗を揚げ、崇徳上皇に与した者たちを打ち負かし、武の力を誇示して名を挙げた。

その結果、隠岐島に配流となった崇徳上皇はじめ、連座した多くの貴人たちが配流となり、敗軍に加担した多くの武士が処刑された。覇権をめぐっての殺し合いの後に残るのは遺恨と、戦功を巡って繰り広げられる醜い争いばかり。混乱の中でずる賢く立ち回り、あるいは猜疑や恐怖や欲望といった人の心の底にわだかまる汚泥を逆手にとって味方を増やした者が生き残って新たに権勢を振るう。それがまた無数の叛意を積もらせていく。

乱世はさらに続いた。保元の乱の荒廃から抜け出る間も無く、当然のことのように平治《へいじ》の乱が起きた。敵の敵は味方とばかりに、実権をほしいままにした勝者に反主流派が結託して起こした乱だったが、あっけなく終わってみれば、昨日の勝者は今日の敗者。源氏は壊滅的な打撃を受け、二つの乱で存在を誇示した平清盛が圧倒的な力を持つに至り、ついに武人でありながら、瞬く間に公卿の地位にまで昇った、というより、朝廷としては清盛を昇格させざるを得なかった。

清盛はさらに昇って太政大臣にまでなり、平家でなければ人ではない、と言われるほどに清盛平家は絶頂期を謳歌した。才覚者の清盛は、武力ばかりか、宋との貿易を通じて財力をも得て、海を越えて来る宋の船を迎える鳥居を擁する海に開いた厳島《いつくしま》神社まで建てた。そして清盛は天皇や上皇や法皇さえも軽んじて権勢を誇示し、遂には後白河上皇を幽閉するに至った。

しかし光が強ければ強いほど闇も深い。世には平家独裁への不満が鬱積し、各地で乱が続発した。どちらにしても武人が政《まつりごと》を左右する時代となり、歴史に裏打ちされた神話的権威を有する存在であるはずの天皇や朝廷の権威はとうに失墜して久しかった。武人が武力で天下を従える世の中であってみれば、武力こそが正義。上を狙う者たちが隙あらばと機を伺うのがもはや常道。細かな乱を数え上げればきりがない。乱がさらなる乱を呼んだ。

とはいえ清盛が上皇を幽閉し、自らの娘が産んだわずか二歳の親王を安徳《あんとく》天皇として即位させ、実権を思いのままに操り、さらには都を自らの拠点、屋島へと遷都させようとする事態に、朝廷はもちろん、虫けらのように扱われていた源氏の武人たちの怒りが爆発した。

以仁王《もちひとおう》は平氏討伐の命を出し、それを受けて、平治の乱で父親の義朝を殺され、伊豆の国に配流となっていた頼朝を担いだ源氏の武人たちが鎌倉から、そして越後からは源義仲が旗を揚げた。折しも、武人でありながら貴人のように振る舞い、五百に余る荘園を所有し、栄華を誇った清盛の寿命が遂に尽きると、それを合図とばかりに源義仲が北陸道を平家の大群を蹴散らして都に攻め上った。

平家は幼い安徳天皇と三種の神器を持って都を脱出。天皇がその座を放棄したとみなして、後白河法皇と朝廷は、安徳天皇即位のまま尊成皇子を第八十二代天皇、後鳥羽天皇とした。わずか三歳だった。こうして同時に二人の幼少の天皇が存在するという前代未聞の事態となったが、攻める源氏の勢いは強く、義仲や義経の獅子奮迅の働きもあって、平家は敗退に敗退を続け、遂に壇ノ浦で壊滅した。

まだ七歳だった安徳天皇は祖母の胸に抱きかかえられたまま、都は波の下にもありまする、という祖母の言葉と共に瀬戸内の海に沈んだ。問題は、鏡、勾玉《まがたま》、剣からなる三種の神器も同時に海の底に沈んでしまったことだった。懸命の捜索の結果、鏡と勾玉は回収できたが、剣は遂に見つからなかった。

三種の神器は、それを持つものが天皇であることを証する唯一無二の秘宝であり、後に新たにつくられはしたが、結果として後鳥羽天皇は、三器揃ってこそ意味のある古来からの神器を一つ持たない天皇であることを余儀なくされた。これもまた有史以来の不首尾だった。

乱世はなおも続き、後鳥羽天皇を盾に朝廷の実権を握り、源頼朝を征夷大将軍に任命して武人を手なづけ、葉室宗頼《はむろむねより》を後院庁別当にして朝廷を支配し、弟の慈円を天台座主とし仏門を差配して万全の体制を整えたかに見えた関白の九条兼実が、朝廷内部の圧力によってあっけなく失脚し、関白の座を追われた後に出家して、南無阿弥陀仏と唱えさえすれば極楽浄土に逝けると説く法然と交りを持った。

順徳天皇はそんなことがあった翌年、乱世のさなかに生まれた。ちなみに平清盛と同じ年に生まれ、同期の北面の武士として平清盛とともに鳥羽院の御所を護る役についていた佐藤義清《のりきよ》は、崇徳天皇から近衛天皇の世に変わる寸前、わずか二十二歳で、武人として世を生きることを辞めて出家し、西行と名乗って和歌の世界に生き、平家が滅びたのち、願わくは花の下にて春死なんその如月の望月のころ、と詠んだ自らの歌の通りに、七十三歳で世を去った。

乱世が続けば都も荒廃する。近衛天皇を継いで後白河天皇が即位した年に生まれた方丈記で知られる鴨長明は、頼朝の後を継いで鎌倉幕府の第二代将軍となった頼家が北条氏によって暗殺された年に出家し、都を離れて自然の中で和歌と琵琶に親しみ念仏を唱える暮らしを選び、実朝が権大納言となった年に世を去った。

乱世だった。そのなかで謀略や出世に血道をあげるものもいれば、ころころ変わる情勢に惑わされまいと、積極的にはどこにもつかずにひたすら保身を図る者、もちろんうんざりして表舞台から身を引く者もいたが、国を治める立場にある者たちが、民の暮らしを無視して権力争いに明け暮れれば、当然の事ながら国は荒《すさ》ぶ。方丈記にあるように、大火や疫病が荒廃に拍車をかける。その頃のことを歌った平家物語にあるように、巷には、無常《むじょう》感、寂寥《せきりょう》感、無力《むりょく》感、厭世《えんせい》感が、低く地を這う冬の風のように吹きすさんでいた。

祇園精舎の鐘の音、諸行無常の響きあり。
沙羅双樹《さらそうじゅ》の花の色、盛者必衰の理《ことわり》を表す。
おごれる人も久しからず、ただ春の夜の夢のごとし。
たけき者も遂には滅びぬ、ひとへに風の前の塵《ちり》に同じ。

順徳天皇が源実朝の暗殺の知らせを聞いたのは、乱世の狂気と無常の風とが入り乱れて渦を巻いている、そんな荒寥《こうりょう》とした情況のなかだった。

順徳天皇は思った。この荒廃の原因が、武人の台頭と横暴にあることは確かだとしても、それを招いたのは朝廷内の不和、それも我欲に駆られた愚かな対立であることは明らかだ。それにしてもなぜ、もともと和の象徴であったはずの天皇やその親族の間で、醜い不和や争いや陰謀が多発することになってしまったのか？

端的に言えば、天皇という存在の意義や重さがすでに失われてしまったからだ。天皇は、即位するとすぐに年端のいかない親王に天皇の座を譲り、天皇としての権威や権限を保持したまま上皇となり、後見人として権勢を誇る。さらには自らに親しい女御を幼い天皇の養育係につけて天皇への影響力を強める。上皇のなかには法皇となって、この国に特有の天皇の歴史的権威に、仏教の力の両方を纏《まと》って自らの存在と影響力を誇示する。どうしてそんなことがまかり通るようになってしまったのか？

一つは冠位の乱造とその世襲にあると順徳天皇は思っていた。冠位十二階はもともと聖徳太子の時代に、国を治めるに能ある者を、経歴や家柄には関係なく朝廷に招き入れ、適材適所の力を合わせて民の安寧《あんねい》と、国をより良い方向に導く力とするために設けられた仕組みだった。

けれど時を経て、長く制度が続き、階の上下が過度に意味を持つようになり、制度そのものが硬直化し形骸化し、冠位が親族に世襲されるようになると、それが何のために創られたのか、などということなどすっかり忘れ去られ、冠位の上下や、どうすればより高い身分を手に入れることができるかということばかりが朝廷の構成員の関心事となってしまった。

そればかりか、誰もかれもが貴人となることを望み、子どもを貴人にするべく貴人との結婚を画策するなどして、天皇とつながりのあるものがあまりにも多くなってしまったことも関係しているかもしれない。

そうなればもちろん、役に相応しい能力を持つ者などいなくなる。世襲が続けば、国とは何か、民とは何か、政《まつりごと》とは何かということを学ぶことさえ疎《おろそ》かになる。ひいては、欠けた能力を補うべく、元々は無かった役職を次から次へと設けて自分に媚《こび》を売るものを登用し、任命権を巡る争いや陰謀や、権限を持つものへの諂《へつら》いなどが横行するようにもなった。

＊

しかし、その悪弊を生んだのが天皇とその親族だということも確かだった。天皇家はすでにあまりにも肥大化、あるいは拡散化してしまっていた。順徳天皇は数えて八十二代目の天皇だが、冷静になって考えてみれば、それだけの長きに渡って天皇という制度と家系が続いてきたこと自体が奇跡に近い、と順徳天皇は思っていた。

順徳天皇もまた血縁によって父の後鳥羽上皇の采配によって天皇となった。ただ、世襲もそれだけ長く続けばそれなりの意味を持つ。神代の昔から絶えることなく続いてきた家系ということ自体が自ずと神格化されるようにもなったが、しかしそれだけ続いてきたということは逆に、天皇という座を成立させるにいたった過去の経緯の重さと、天皇という存在を創造した人々の思いと願いの強さを表しているとも考えられた。

家系を重視したのは、それ以外の理由では、誰を天皇とするかということが常に議論されなければならなくなる、つまり天皇という存在そのものが争いの種になりかねないからだ、というのが順徳天皇の考えだった。

それに、人は誰しもその内に無限の可能性を秘めている、とも順徳天皇は思っていた。自分もわずか三歳で皇太弟《こうたいてい》となった。その時点から、というより生まれた時から、いずれ天皇となることを運命づけられていた。ただ、貴人の子として生まれてきても、なかには天皇という役目を勤め上げるのは難しいかもしれないという子どももいる。幼くして命を落として神のもとに還る子もいる。

順徳天皇が三歳で皇太弟とされたのは、男子の幼児として最も危険な時期も過ぎ、何かを学び取る力もそれなりにあると上皇が思ったからだろう。考えてみれば、二歳年上の土御門《つちみかど》天皇も、わずか三歳で即位した。上皇が何を思って物心がつくかつかないかの幼児を天皇にしたのかはわからない。

三つ子の内に何らかの可能性を見たからなのか、幼いころから貴人としての自覚を促すためなのか、それとも何か別の考えがあってのことなのかわからない。ただ傍《はた》からは、そんな幼い子どもが実権を握る上皇のなすことに逆らうはずもなく、その方が政《まつりごと》を意のままにできるからだ、と見られていただろう。

けれど、若くして自覚を持たざるを得なかったとはいえ、特に果たさなければならない仕事もなかった順徳天皇には時間があった。もしかしたら学ぶことが嫌いではなかったということもあるのかもしれないが、その時間を順徳天皇は天皇とは何か、天皇制が整えられると同時に編集された万葉集とは何か、それ以来、天皇の重要な仕事として、いくつもの勅撰和歌集を出し続けて大切にしてきた和歌とは何かについて、深く考え続けることができた。

天皇とは大いなる和の象徴、それは周知のことだ。では和とは何か。それは世に争いがなく穏やかな状態であることだとすれば、かつて争い合っていたものたちがどこかで和を結んだことを意味する。仲間内の争いであれば戦うなり収まるなり分裂したりなどしたとしても、いずれそれを収める王のような者が現れればそれで何とかなるだろう。

しかし天皇という、人の姿を持つこの世の神、王のように武力を持つものではない特別な存在を創って和の象徴としたということは、そうせざるを得ないほど争いが激しく、簡単には収まらないほどの深刻な対立があったからにほかならないと、順徳天皇は思った。

それは何かと考えた結果、順徳天皇が行き着いた答えはただ一つ。稲作と漢字と様々な技と共に海を渡ってきた人々とその文化を中心にして構築された倭の国と、倭の国が蝦夷《えみし》と呼んだ、この地の先住の民の連合体との闘いにほかならないということだった。この二つの国は、あらゆる意味において対極的だからだ。

倭の民は森を拓き大地を耕し稲を植えて糧を得る。蝦夷は豊かなこの地の自然の恵みを摂って生きる。倭の民は意味を表す文字を駆使して名を記し量を記し、時と場所と人と国との歴史を記す。あらゆるものに神が宿るとする蝦夷の民は文字を用いず刻々と消える音の言葉と共に生きる。

倭の民は国をつくり、蝦夷の民は郷《さと》をつくる。倭の民は国を治るにあたって法をつくり上下をつくり王を置いて命を下す。蝦夷の民は合議によって物事を決め、あるいは過去が与えてくれた幸に感謝して全てを踏襲する。倭の民は感謝を褒美や冠位で表し、蝦夷は感謝を神に捧げる歌や踊りなどの風習で表す。

全てが違う。ただそれはどちらも、海があり山があり清い水が流れる里がある、この類《たぐい》稀《まれ》なまでに豊かな自然の恵みがあるからこそできる。全く異なる二つの生き方。だが生き方や価値観があまりにも違う。だから双方が本気になって戦えば際限のない泥沼に陥る、どこかで停戦をしなければ、血みどろの戦いがどこまでも続く。

天皇という存在と和歌はそのために編み出された、両方の生き方の特徴を繊細かつ巧妙に、そして大胆に融合させた独創的な智恵の成果なのだと順徳天皇は結論づけた。それは天皇が執り行う重要な儀式、たとえば即位の際に行われる最も需要な儀式の一つである大嘗祭《だいじょうさい》にも如実に表れている。そこでは天皇は必ず、この国の東を象徴する場所としての悠紀《ゆき》と、西を象徴する場所としての主基《すき》を共に神聖な場所として祀《まつ》る。

また天皇は人々の命を護る神であって、罰を与える神でもなければ戦を勝利に導く神でもない。だから武力は保持しない。天皇は和と美と知を司る存在であり、倭の国の人々を象徴する現人神《あらひとがみ》であり、同時に蝦夷の人々を象徴する現人神でもあって、同じ人間である双方の間に争いが起こらぬよう祈りを捧げ、捧げ続ける互いの和の象徴としての現人神にほかならない。

三種の神器を有する者が天皇だとしたのはそのためだ。本質的には天皇という存在にとって重要なのは必ずしも血筋ではない。親から子へ、三種の神器が天皇から皇子へ渡され、幾多の儀式を経て初めて皇子は天皇になる。逆に言えば、そうして三種の神器を手渡された人こそが天皇。そこには、場合によっては蝦夷の血を引くものが天皇になる可能性だって含まれている。

ただ天皇は、天皇を天皇たらしめている諸々の重要な要素を、それを表す多くの儀式を継承し、古《いにしえ》の姿形のままに再現し、それをそのまま変えることなく次の世へと引き継ぐ義務がある。

天地と自然を敬いその恵みに、あるいは実った稲穂に感謝し、さらなる実りを祈願し、民に災いのないことを、飢えがないことを、病がないことを祈願する。重要なのは数多の儀式の内に心を秘めて、それを少しも違《たが》わず繰り返すこと。そうしてこその秘儀。

順徳天皇は、気性の激しさは父譲りで、何かにつけて熱中する性癖もあったが、何しろ、政《まつりごと》の一切を父の後鳥羽上皇が取り仕切っていたため順徳天皇には時間があり、有り余る活力を順徳天皇は、天皇とは何か、和歌とは何かを知ることに向けた。それは知れば知るほど興味深い世界だった。

順徳天皇はまず、天皇とは何かを知るために、天皇家に代々受け継がれてきた秘儀を過去の文献も含めてつぶさに調べることにした。そこにこそ、天皇とは何かが表れていると思ったからだった。

太陽が規則正しく天空を巡るように、春に若葉が萌えるように、夏が過ぎる頃に稲穂が頭を垂れて刈り入れを待つように、秋に紅葉が色づくように、冬に山が雪を冠るように、すべての秘儀を時を過《あやま》たず、形を変えずに、なぜそうするかという初源の想いと寄り添いながら心を込めて、あるいは私心を無にして行わなくてはならない。

そしてその探求の成果を順徳天皇は、金秘抄《きんぴしょう》、という書物に書き表した。そうしてみて改めて感じたことは、秘儀をつつがなく行うということそれ自体がすでに大仕事だということだった。そうしてこその天皇。民の安寧を支える大いなる和の国の現人神。武人たちにはその意味も意義も、とうてい理解できないだろうが、幼い頃から天皇になるべく育てられ、あらゆる神物と触れ合いながら秘儀と共に生きてきたからこそ、初源のありようそのままに行うことができる秘技の数々。逆に、天皇家以外の誰にそれができるだろうとも思った。

三種の神器はそうした思想とそれを体現する諸々の秘儀を集約した天皇という座の象徴。鏡はどんな人の顔も心も、倭の民の姿も蝦夷の姿も分け隔てなく、そのまま等しく映し出す。鏡は嘘をつかない。鏡が曇れば全てが曇る。そうはさせないための鏡。鏡を鏡として創り保つための人の働き、それを願い保持する人の心の証。

翡翠《ひすい》の勾玉は、永遠の美の象徴、それをつくる技の象徴。人が人であるのは人が美しいものやことを愛するからにほかならない。お宮を創り衣服を創り装身具を創り歌を創り、道具や細部に意匠を凝らして、敬意や慈しみや喜びや恋心や畏れや親しみを表す。それは人ならではのこと。表し方は違っても、倭の民も蝦夷も同じ。美とそれを創る想いや技こそが、あらゆる人の心を通わし慈しむ人ならではの命を育む言葉。

剣は武力を表すのではない。和の象徴の天皇の証である三種の神器の剣は、戦を起こさぬためのしなやかで研ぎ澄まされた智恵の象徴。武人の剣は、和を壊し血を流し合うための武器。智恵は戦を起こさぬために尽くす人だけが持つ全てを超越した、万難を排して和解へと導く力。

そして和歌。和歌と共に在ってこその天皇。なぜなら和歌は、三種の神器に込められた意味のすべてを、不変の物の形としてではなく、折々の言の葉に宿る美に結晶させようとする意志と心を映し表すものであり、和の象徴である天皇とそこに込められた願いを音と文字で表す、諸人《もろひと》にとっての和のあるべきありようを探し求め続ける意思の表明そのもの、まさしく大いなる和の心を謳う歌にほかならない。

だからこそ万葉集には四千五百余もの、あらゆる人々の和歌が収められている。しかも百年をゆうに超える歳月の中で詠まれた歌が収められている。それは世の変化を超えて継続的に和歌と共に在ることこそ天皇たるものの務めだということを端的に表している。万葉集の後も、歴代の天皇はその時代の和歌を集め遺し続けてきた。時代と共に民と共に美と共に、和の心と共に……

後鳥羽上皇も和歌に関しては、藤原定家に学ぶなどして真摯に向き合ってきたばかりか、千載和歌集、新古今和歌集、二つの勅撰和歌集の編纂《へんさん》を命じている。私も幼い頃から藤原定家から和歌を学び、自らも古典を紐解くなどして、その心を知るべく努力をしてもきた。

和歌の面白さは、まず何よりも、この国にもともとあった文字を持たない蝦夷《えみし》の言葉の音にあることだということ韻や呼吸を踏まえて創られ、それを倭に伝わった漢字によって書き留めたものだということにある。

この地に人が集まり住むようになって以来の民の体と心に染み込んだ、一音一音の音の響きと、楽曲の抑揚のような調べと、森羅万象や人の心が織りなす綾との繋がりから自ずと生まれる和歌。四季と命の移り変わり、人と人との間に通う情が織りなす心模様、出会いの嬉しさ、別れの切なさ、人と自然、人の心が織りなす想いには、倭人と蝦夷の区別はない。民と貴人との違いもない。武人と百姓の違いもない。この国の風土と音調と人の心さえあれば誰もがつくれる歌。

どんな人の心にも、人と触れ合い自然と触れ合い、美と触れ合う喜びがある。そこから自ずと発せられる言の葉。たとえそれが一瞬の、明日には消えてしまう想いであったとしても、それは、その人それぞれの折々の真実。それを書き留めれば、そして書き遺された無数の言の葉の中から、万人の心を打つ歌を選びまとめれば、そうすれば、そこに遺された一人ひとりの、一つひとつの想いが永遠となり、その人がこの世から消えた後も遺る。一つひとつのそのとき限りの確かさが、いつまでもいつまでも遺る。万人万様の言の葉の、万人万様の確かさが万様の美となって、後の世の人々の心に響く。

誰かがその歌を自らの口から声を出して詠み上げれば、その瞬間から、それがその人自身の確かさとなって心に残る。身分の違いを、生きる場所や時代の違いを超えた言の葉として新たに響く。それこそが和歌。天皇という存在の初源の理由にもつながる和の歌。つまり和歌の本意は、諸人が等しく美と和と共に在り続けること、その願いにほかならない。

＊

それにしても、私のようなものから見れば、と順徳天皇は思った。藤原定家というお人は不思議なお方だ。相対《あいたい》する人が幼かった私であろうと上皇であろうと、姿勢が全く変わらなかった。とりわけ和歌の評価に関しては厳しく、曖昧なところが微塵もなかった。しかも個々の歌を評するにあたっては内容に偏りがなかった。秘技を尽くした自らの歌はともかく、本歌取りを極めた巧妙な歌も、恋心を素直に綴った素朴な歌も、勇ましい歌も哀しい歌も、どんな歌もうわべの派手さや巧みさなどではなく、歌が発せられる原点の美を重視した。

しかも面白いことに、定家は乱世を和歌一筋に生きたが、西行法師や鴨長明のように、現世を離れて世捨て人となる道は選ばず、あくまでも朝廷での身分にこだわり、盛者必衰の乱世を生き抜き、遂には権中納言にまで昇りつめた。

どうしてなのか？　和歌を愛する天皇として感じることはただひとつ、和歌を良く知る者にこそ政《まつりごと》を行う資格があるということだ。逆に言えば、歌の心を知らない輩が民を健やかに率いることなどできるわけがない。だから、歌に秀でた者が、万人の心を集めた万葉集をよく知る者が、多様な恋心を歌と共に綴った源氏物語を良く知る者が、古き歌を新たな目で見直し、また新たな世の新たな美を詠った歌を集めた古今和歌集をよく知る者が、何より、天皇という存在と共にある和歌とは何かをよく知る者が、朝廷の重要な地位に就くことには意味がある。

人は誰しも言葉で何かを人に伝える。ただ、天皇や上皇や太政大臣の言葉は自ずと、下々《しもじも》へ何かを命ずる形となる。その時、和歌の言葉をよく知る者と知らない者とでは、国事を遂行するにあたって大きな違いが生じる。何しろ和歌は万人の心を知るためにあるのだ。防人《さきもり》や名も無い人の心にまで気を配り、そのうちに美を見出すことを好しとする天皇だからと民が感じてくれたからこそ、遠い昔に、大いなる和を実現することができたのだ……

*

だから、と順徳天皇は思った。山はさけ海はあせなむ世なりとも君にふた心わがあらめやも、と詠った源実朝が第三代鎌倉殿となった時、上皇も私も、これでようやく乱世が収まると心から思った。歌そのものは、後鳥羽上皇への忠信を詠った素朴な歌ではあるけれど、その実直さが実朝の良さ。将軍が和の象徴である天皇を護るための役職であることを実朝は何のてらいもなく愚直なまでに理解している。それでなくとも実朝には、名もない人や生きとし生けるものへの心が籠もった歌が多い。武人の長とは思えぬほどだ。

時により過ぐれば民の嘆きなり八大龍王雨やめたまへ
物言わぬ四方のけだものすらだにもあわれなるかなや親の子をおもふ
いとほしや見るに涙もとどまらず親もなき子の母を尋ねる
世の中は常にもがもななぎさこぐ天の小舟の綱でかなしも
月をのみあはれと思ふをさ夜ふけて深山がくれに鹿ぞ鳴くなる
神といひ仏といふも世の中の人の心のほかのものかは

日照り続きで雨が降らなければ、百姓も民も困るけれど、ただ降り過ぎれば、それはそれで民が嘆く事態が起きる。だから龍神さま、どうかこんなにまで雨を降らせないでください。この優しさと目配りを持つ者が上に立つ世が、戦乱を繰り返す世であるはずがない。
いたるところで生きる、言葉を発することができない獣たちでさえ子を思う親の心を持つ、それを美しくあわれと詠う実朝には、人はもちろん、この世を生きる全てに対する愛情がある。そんな優しさの持ち主こそ、天下の乱れを納めるに相応しい。

親のない子が親はどこにと尋ねる子どもの姿が愛おしくて涙が流れるのを抑えきれないと詠う実朝。そこには分け隔てのない人の心がある。こんな繊細な心と感性の持ち主だからこそ信用できる。だから、武力の長ではあっても実朝は、みだりにその力を誇示するようなことは決してしないだろうと思える。

いつものように海に出て漁をして帰ってくる小舟を岸から相方が綱で小舟を引き寄せる、そんな愛しくもどこか物哀しい営みが、変わることなくいつまでも続いて欲しい。大切なのは日々の暮らし、大切なのは共に暮らす人への言葉のやり取りを超えた想いとつながり。普通の人々の日々の無事を、世の中をこんなふうに捉える実朝がいれば、この戦乱を脱して、きっと穏やかな世に戻してくれる。

月の美しさばかりを愛でてきたけれど、ふと、暗い山の奥深くから聞こえてくる鹿の鳴き声。そんなふうに型どおりの感傷を離れて自分自身の感性によって新たな情緒のありように気付く。この穏やかな自然体の心の持ちようは、多くの人々の思いや欲望や嫉妬や恨みや虚言が渦巻く政《まつりごと》の世界においてきっと良き働きをもたらすに違いない。

神も仏も結局はこの世を生きる人の心がつくりだしたものにほかならないのだろうけれど、と詠う実朝は、情が豊かでありながら、同時に、自分を含めた一切を客観的に離れた場所から観る優れた智恵の持ち主であることを示している。そしてそれこそが、武人の上に立つものが備えるべき資質。そんな実朝が、待ち伏せた刺客の不意打ちによって殺された。しかも私怨から……

なんと愚かな。この悪事に連座した幕府の愚族どもには、実朝が何者かも、その器量も、秘めた力も、幕府がなんのためにあるのかということさえ、何も見えていなかったに違いない。そうでなければ、こんな凶事を起こせるはずがない。許せぬ。このままではこの乱世に、さらなる乱世が積み重ねられるばかりだ。民を無視した武人の横暴が続くばかりだ、と順徳天皇は思った。

*

こうして順徳天皇は苦渋の選択として、父の後鳥羽上皇と共に、狂った幕府と乱れた世を糺《ただ》すべく、その中心にいる北条義時・泰時追討の旗を揚げた。もちろん、平和の象徴である天皇がそのようなことをあえてすることには躊躇《ちゅうちょ》があった。だから武で武を制す旗を揭げるものが天皇の座にある者であることだけは避けようと、順徳天皇は事を起こす前に天皇の座を息子の懐成親王に譲位し、上皇となった。

とはいえ、それはうわべだけのことであって、旗を掲げるのが後鳥羽上皇であり順徳天皇であることには変わりがない。その時、順徳天皇の心に、ふと、天皇という仕組みが生み出された時代の戦いの場の一瞬の場面のようなものが映った。それは、激しい戦いが終わった後の、双方の死者が累々と横たわる平原で、何人かの影のような男たちが呆然と立ち尽くしている姿だった。勝者なのか敗者なのかはわからない。ただ、生き残ったものがその数人だけだったとすれば、それはもう勝者でも敗者でもなく、人の形をした無惨な躯《むくろ》に過ぎない。

ただ、もしかしたら、と順徳天皇は思った。そこから、戦《いくさ》を捨てることを決意した天皇が生まれたのかもしれない、無数の死を悼み、慚愧《ざんき》の念を胸に、二度と再び戦という愚を繰り返さないために……


ただ、後鳥羽上皇はともかく、少なくとも順徳天皇は、平氏も源氏も滅んだ後に強固な武人体制を敷いた北条氏と、実際に武力で対決するつもりは必ずしもなかった。もちろん北条追討の詔《みことのり》を宣し旗を揚げた以上、何処かで武人たちによる戦で決着をつけざるを得なくなる事態に陥る危険はあった。

しかし源実朝という乱世を収めるに格好の逸材を暗殺した亡国の輩たちの兇行を諌《いさ》め、諸悪を断ち切るという決意と大義を以って立ち上がった天皇家に、武人たちの多くが味方するだろう、と心の底では思っていた、あるいはそうなることを願っていた。

しかしそうはならなかった。天皇制が敷かれて以来初めての、朝廷と幕府との直接対立に対して多くの武人たちが、とりわけ都から離れた東国の武人たちの多くが、そして多くの民もまた武力で邪魔者を駆逐し壊滅させて権勢を誇る北条氏に与《くみ》し、あるいは大義より力に傾き、その陣営は瞬く間に巨大な武の塊となって京に押し寄せ、後鳥羽・順徳陣営を圧倒した。結果として、後鳥羽院は隠岐島へ、そして順徳上皇は佐渡島へ配流となり、以後、数百年にわたって武の覇者が武によって国を制する、さらなる戦国の世となった。

身分を剥奪され佐渡島に幽閉された順徳上皇は、その後二十一年もの間、都から遠く離れた孤島で和歌と共に生き、天皇家や朝廷の復権を願う人々が大いなる和の国のあるべき体制の復活へと向かう日を待った。

しかし、小倉百人一首の第百番目の歌に順徳天皇の和歌を選んだ藤原定家が死去した翌年、四条天皇の急死を受けての後継天皇選びにおいて、本来なら筆頭の継承権を持つはずの自らの皇子ではなく、北条氏と親しい土御門天皇の皇子、邦仁が後嵯峨天皇として即位した事を知り、この世が武人の支配下に置かれ続けることから脱する働きを、自らが復権して行う望みはもはや潰《つい》えたと、自ら食を絶って自死した。千二百四十二年、まだ四十四歳だった。

## 第五話　織田信長

蘭《らん》、弓を持て、持てる限りの矢とともに。

夜明け前の闇の中から突如上がった鬨《とき》の声に飛び起きた信長は、蔀戸《しとみ》を跳ね上げ、夜明け前の闇の奥に目をこらすと間髪を入れずに蘭（森成利《もりなりとし》）に向かって叫んだ。すでに用意をしていたのか蘭が即座に幾張りかの弓といくつもの矢筒を抱え、自らの薙刀《なぎなた》を小脇に挟んで小走りで現れると、一言、明智の謀反にございます、と告げながら信長に弓矢を渡した。

信長は矢を一本引き抜くと、弓をふりしぼって、眼下の闇の中で小さな松明の光と共に動く気配に向けて矢を放った。一本、そしてもう一本……

矢を放ちながらも、信長は、なぜか極めて冷静でいる自分が妙に可笑しかった。一本の矢で敵を一人消す。十本の矢で十人を倒す。が、敵はどうやら明らかに千人以上いるように感じる。所詮、とは思いながら、それでも信長は、狙いを定めて矢を放った。一本、そしてもう一本。

そうして矢を射る信長の脳裏に、自らが目にしてきた無数の場面が映り、そして消えた。

これが走馬灯というものか……

短いような長いような、一瞬のようでも永遠に続くかとも思われる不思議な人生だった、と信長は思った。信長は常々、この世は自分にとって夢幻《ゆめまぼろし》に過ぎないと思っていた。戦《いくさ》の時代に武将の長子として生まれた以上、戦は避けられない。血で血を洗う戦ではいかなることも起きる。戦のなかでは人はもはや人ではない。刃向かってくるものは殺すべき敵、それは相手から見ても同じこと。そんななかでは、自分の命など強風のなかに灯る蝋燭の炎に等しい。どんなに懸命に命を燃やしたところで死ぬときは死ぬ。

夜に寝て夢を見て、朝に再び生きて起きることさえ、考えてみれば奇跡のようなもの。要するに、夢から覚めなければ、それが死んだということなのだろう。今こうして見ている光景も、あるいは夢の中の出来事なのかもしれぬ。どちらでも良い。

今できることはただ、こうして矢を射ること。

そうして矢を射る信長の脳裏に、遠い昔の、元服を過ぎてしばらくした頃の自分の姿が目に浮かんだ。吉法師《きっぽうし》から名を変えた信長は、小高い丘の上に坐って、眼下に広がる田畑と、そこで何人かの百姓が働く小さな姿を見ていた。元服をした後もなお、わざと奇妙ないでたちをして野山を飛び回り、同じ年頃の仲間を引き連れて相撲をとるなどして遊び、悪さをする信長を、家臣が影で、うつけ者、と呼んでいることはわかっていた。

あの頃は楽しかった、あのように毎日を遊んで暮らすのは楽しかった、と信長は思った。百姓たちや商人たちにとっては、戦がないというだけでありがたかっただろう。何しろいたるところで戦が起きていた。戦が起きれば双方の兵が死ぬ。将も死ぬ。田畑が荒らされる。戦などなければ良い。

しかし戦が戦を呼び、さらなる戦で人が死ぬ。信長の父、織田信秀もそうだった。勝幡《しょばた》城《じょう》を祖父から受け継いでいたが、今川から那古野城《なごやじょう》を奪い、さらに古渡城《ふるわたりじょう》、末森城《すえもりじょう》を築いて領地を広げようとし続けた。しかしそれがはたして何になるのか?

戦などせず、民が静かに日々を過ごすことができればそれでいい、それが何よりだ、と信長は思っていた。あんな城を奪ったり奪われたりすることになんの意味があるのか、何が面白いのか？　面白いからやるというわけではないのか、攻めなければ攻められるからか？　それにしても、いつからそんな世の中になったのか？

首を回せば目に映る父の居城を見ながら信長は思った。あんな城など、戦のためだけにあるようなものではないか。美しくもなんともない。それに比べて野山の四季は美しい。山を駆け、木の実を採って食い、川で泳ぎ、時には村の百姓の瓜をくすねて、こら～っ、という声を後ろに、笑いながら仲間と逃げて川で冷やして皆で食うのは楽しかった。遊びほど面白いものはない。治承の乱で幽閉された後白河院が編んだ梁塵秘抄《りょうじんひしょう》にも、遊びをせんとや生まれけむ、とあるではないか。

だから、どうせ城を持たなくてはいけなくなるのなら、見下ろせば民の豊かな日々の暮らしを眺めることができる城がいい、城を見上げて民が、あれが悪戯好きのわしらのお殿さまの城じゃ、と笑顔で言うような城がいい。百姓も商人も職人も武士も、老人も子どもも女も男も、それぞれがしたいことをすればいい。そうして短い人生を、分け隔てなく遊んで暮らせるような、そんな城下であればどんなにか楽しいだろう。

それは若き信長が胸のどこかに深く隠し持っていたおぼろげな、けれど体が自ずと喜ぶような夢想《ヴィジョン》だった。けれど、どうすればそのような世の中にすることができるのか、それは有り得ることなのか？　若き日の信長に、そんなことがわかるはずもなかった……

それにしても平手政秀《ひらてまさひで》が儂《わし》を諫《いさ》めるために自ら命を絶つとは思わなかった。

狙いを定めて弓を弾く信長の脳裏に、幼い頃から信長の世話をしてくれた政秀の老いた顔が浮かんだ。祖父と父に仕え、信長が生まれてからは、家老として多くの仕事を担っていた政秀が信長の養育係となったが、父の信秀が死に、いよいよ国を率いなければならない立場になってもなお、遊び呆けている信長の行く末を案じ、それを諫めるために政秀は自ら命を絶った。

あれは応えた。

だから城主となった信長が最初にした事は、政秀の寺を建立して弔うことだった。それくらいしかできなかった。学問も深く修めた政秀は、常に信長の味方をしてくれた。いたずらをしても何をしても、父や周りをなだめ、しかめっ面をしながらも信長に人の道を、そして城主の弁《わきま》えと覚悟を説いた。そんな政秀に信長はことごとく逆らい、あるいは無視し、何かにつけてきつく当たった。しかし、百戦錬磨の文武に秀でた武将が、自分のことで命を絶つとは微塵も信長は思っていなかった。

戦場では、どこでどう命を落とすかなど誰にもわからない。流れ弾に当たって死ぬ者もいれば、木の根につまづいて転び、傍にあった岩に頭をぶつけて死ぬ者だっているだろう。しかし、政秀の死はそれとは違う。

それにしても、人はなぜ身分や役目や立場や上下のようなものに過剰にとらわれるのか。それが信長には、どうしても理解できなかった。というより、城主の息子としての立場をわきまえるということを嫌い、それを無視し、そこからはみ出すことばかりしてきた信長にとって、それはある意味で親の仇に対する感覚にも近い、理屈を超えた本能的に我慢がならない何かだった。

どうして天皇は敬われるのか？　この戦乱の世に、天皇は一体全体何をしてきたのか、何をしようとしているのか？　御所の内裏《だいり》で何を考え何を決めているのか？　天皇を護る役目を持つとされている幕府、その長たる将軍だってそうだ。偉そうに何かとおふれを出したりするが、そんなことをする権限がなぜあるのか？　天皇も幕府も、この世に戦《いくさ》を起こさないためにあるのではなかったか、なのに戦ばかりが起きるこの世とはなんなのか？

それだけではない。清洲の家臣たちも、信長が家督を継ぐべき者であるとして、馬鹿にしつつも家臣の立場で信長に接してきた。同じ武士でも家老もいれば足軽もいる。賭ける命は誰もが一つしかないのに、将が兵に命令を下す。命が下れば兵はそれに従い、時には命を落とす、あるいは敵の将の命を奪って褒美をもらう。百姓も商人も同じだ。身分というものを誰がいつ決めたのか、どうしてそれを当たり前のように守るのか？

野山で遊んだ仲間たちは違った。信長を殿様の子とわかってはいても、駆け回って遊んでいる時には身分の違いなど関係なかった。相撲を取れば強いものが勝つ。そして時に、弱いと思われている者が勝ったりもする。それが人の面白みではないか、なのに政秀が、自分のようなものを諌めるために自ら命を絶った、なぜなのか、どうして人は役に殉じるなどということができるのか？

それを奇妙なことだと信長は思っていたが、信長がなんと思おうと、世間はそのような不可解な決まりごとのなかで動いていた。それが現実である限り、奇妙なのは信長の方だということになる。

間違っている、人の道を踏み外しているとさえ言われた。天皇や幕府を敬い、身分や立場や上下をわきまえるのが人の道だというのなら、それが世間というものだとしたら、それはむしろ利用するしか手立てがないということなのか？　だとしても、下克上が大手を振るい始めたこの戦国の世とはそれではなんなのか？　自分は何か大きな変わり目のなかにいるのか？　信長は世間の倣《なら》いごとの多くが理解できなかった。

本能寺の境内がうっすらと明るみ始めてきた。矢を射ながらも、半ば夢幻の内にいる信長の目に、敵の姿が映る。見える敵に向かって信長が矢を放つ。弦が切れた弓を捨て、新たな弓でさらに矢を射る信長の脳裏に、今川義元との戦いの場面が映った。

不思議なものだ、あれで風向きが変わった。

父の信秀の死後、後継を巡って信長の兄弟の間で争いが起こり、それが日毎に激化した。もちろんそんな内紛を隣国が、とりわけ今川義元が見逃すはずがなかった。大軍を擁して尾張を奪い取ろうとする今川を信長は、桶狭間の戦いにおいて少数の手練《てだ》れを率い、義元一人に焦点を絞って突撃し、義元の首を取って今川勢を総崩れにさせた。

あの勝利は戦のやり方の違いによるものだった。

圧倒的な数を擁する軍勢と、内紛続きでまとまりがつかない織田家の軍団が戦って勝てるはずがない。だから信長は、今川が攻め寄せてきたことを知ったその瞬間から、正規の織田軍を率いて戦うことは断念した。自分を乱暴なだけの愚か者と思っている部下たちが、一丸となって戦に臨むはずがない。だから信長は自らが密かに鍛えていた自分自身の精鋭部隊のみで戦うと決め、機を待った。

信長の精鋭部隊には、それまでの軍とは決定的に違う点がいくつかあった。一つは鉄砲の数、一つは長槍、一つは騎馬、そしてもう一つは、大将自らが先陣を切るという、それまでの戦の常識を外れた戦い方を志向する戦闘集団だった。信長は激しい訓練はしても、それを試す機会を、ここぞという場面がくるまでほとんど秘めていた。

しかし今川勢が、降りしきる雨のなかで進軍を止めて陣を張ったという知らせを聞いて即座に、精鋭部隊のみを率いて目的めがけて出陣した。出陣前に信長は、人間《じんかん》わずか五十年、下天のうちを比ぶれば、夢幻のごとくなり、と吟じて敦盛を舞った。現世の五十年はあの世の一日にも及ばない。そんな命を捨てるなら今、と決して出陣した。生か死か、あれこそが分かれ目だった。

兵士の数は少なくとも、信長の精鋭部隊は通常では考えられないほどの数の鉄砲を用意していた。それが一斉に火を吹けば相手は、どんな大軍が攻めてきたのかと動揺する。動揺したところを訓練に訓練を重ねた長槍隊が槍を水平に構えて突進する。そして騎馬を自分の手足のように操る騎馬隊が義元めがけて疾る。その先頭を自らが駆ける。

雨で足元が悪いなかでは、騎馬の訓練の度合いの差が、平時よりもはるかに大きな差となって表れる。野山を、雑木林を駆け回って鍛えた信長の騎馬隊は、見せるための騎馬隊ではなく、鉄砲の弾のように、目的に向かってひと塊となって疾る兵器そのものだった。

そうして信長は今川を破って名を挙げた。それまでいかがわしく思っていた連中も、ようやく一目を置くようになった。そして武田信玄《たけだしんげん》との戦い。信長の脳裏に今度は武田信玄の、真っ赤な鎧の赤揃えの軍の姿が映った。

あれは美しかった。

武田信玄の軍団は、誰からも最強の軍団と思われていた。実際そうだっただろう。何より団結力が群を抜いていた。あの揃いの真っ赤な鎧を着けて戦場に出れば、誰だって気分が高揚するだろう。自分が信玄公の軍団の一人だという誇りも自ずと湧き上がってきたことだろう。人は自らが美のなかにいると思うことで、実力の何倍もの力を発揮することができる不思議な生き物だ。信玄はそのことをよく知っていたのだろう。

それと同時にあの装いは、自らの軍団はそうあってほしいと思う信玄自身の美意識の表れでもあっただろう。同じ戦であっても、どうせなら美しく勝ちたい。その勝ち様を、敵の心にも焼き付けたい。それがまた何かの役に、たとえば敵の一部を味方に傾かせる役にも立つ、そんな判断もあっただろう。

そのような美意識や知性は、信玄の風林火山の軍旗にもよく表れていた。そこには万言を尽くしても伝えきれないような信玄の戦い方に関する考えの真髄が的確に示されている。この旗のもとで戦えば負けるはずがない。兵士は誰もがそう思っていただろう。そして実際強かった。

自分が武田との戦いに敗れておれば、あるいは上杉謙信《うえすぎけんしん》という強力な、信玄と似たところもある宿敵が越後にいなければ、そして信玄がもう少し若くて健勝であれば、天下を取って戦国を収めるのは信玄だったかもしれない。信長は信玄から多くを学んだ。

けれど実際には信玄が負けた。それにはそれなりの理由もあったと信長は思っていた。一つは、軍をまとめ、軍を鼓舞し誇りを持たせる信玄ならではの美意識と知性と作法は、それによって無敵の武田軍団を育てはした。けれども同時に、美と知は、ある種の脆さも持っている。美は汚れてしまったと感じた時、知はそれが及ばないと感じた時に、自ら崩れる。

また信玄は信長より十三歳年長だ。この差は刻々と価値観が移り変わる戦国の世においては極めて大きい。信玄はどうしても、信長より古い時代の価値観に左右されやすい。それが戦い方にも自ずと表れる。つまり知性と美意識と作法を重視すれば、戦《いくさ》というものは敵をより多く殺した方が勝者であり、どんな手段を用いても多くの兵を殺し、軍の象徴である大将を殺せば勝ちだという、戦という殺し合いが持つ鉄則が、どこかに置き去りになってしまう。

だから信長は武田の軍団に対して鉄砲という飛び道具を多用した。弓矢の届かない遠く離れたところから、名乗りも立ち合いもせずに相手を殺す。見えないところから飛んできた弾にあたって兵士が倒れる。赤い鎧が血と泥に染まる。それでも屍を踏み越えて進もうとすれば、また弾が飛んでくる。

馬が怯える。陣形が乱れる。恐怖が知性を麻痺させる。風のように疾ることも、林のように静観することも、火のように攻めることも、山のようにどっしりと構えることもできなくなる。そこに訓練を重ねた信長の精鋭部隊が襲いかかる。

とはいえ、生死を度外視して先陣を切る信長が、誰よりも先に胸を矢で射抜かれないとは限らない。大将が生死を度外視するということは、勝敗を度外視するということと同じだが、しかし若い頃から喧嘩や狩りや相撲ばかりしてきた信長は、一瞬の機というものを熟知していた。先頭を駆けるのは、相手が敗走を始めた時、戦機がこちらに傾いたその一瞬。その時でなければ意味がない、そしてその時にこそ大将の覇気が一瞬にして全軍に乗り移って死線を越える勇気をもたらす。

とにかく信玄には多くを学んだ。ただ人は、学んだと思っても場面が違えばすぐ忘れる。信長は少なくなってきた矢を射ながら、九死に一生を得た負け戦のことを思い出していた。

妹のお市を嫁にやったのに

尾張を統一し、武田軍を破った後、戦に戦を続けて信長は急激に勢力を拡大していったが、さらに朝倉を撃つために越前に攻め入った折、次々に城を落としてつい深入りした。背後に浅井長政《あざいながまさ》の城があることを失念していた。もちろん浅井とはあらかじめ同盟を結んであった。そのために妹のお市を嫁にやった。

それにお市は賢い。万が一何かあればお市がなんとかするだろう。それにしても、まさか長政が寝返るとは夢にも思わなかった。自分の配慮が足りなかったのだと信長は思い、その瞬間、全てを捨てて少数の騎馬隊を引き連れ、なりふり構わず先頭を駆けて戦場を脱出した。

あの時、機を見るに敏な、そして戦上手の藤吉郎と光秀が、真っ先に大将が逃げ出した織田退却軍の殿《しんがり》で、追討の軍勢を巧妙に防いでくれなければ、自分の命運はあの時に尽きていた。皮肉なものだ、不思議なものだと信長は思った。そうして自分を護った一人が、こうして自分を討とうとしている。一瞬天を仰いだ信長の目に、宣教師ルイス・フロイスの顔が映った。

日本があんなちっぽけな島国だとは知らなかった。

信長が、世の中に平和が訪れた時に現れるという動物の王、麒麟《きりん》の花押を用い始め、さらに天下布武の印を用い始めてからしばらく経った頃に、海を渡ってポルトガルから来た宣教師、ルイス・フロイスに会った。その時に見せられた世界地図に信長は仰天した。その世界地図の中でジパングと記されたちっぽけな島々が日本だった。世界は大きく、海も大きく、そして明国も大きかった。

お前はどこから来たのか、と問うた信長にフロイトは、大きく広がる大陸の端にある場所ポルトガルを示した。こんな遠くからなんのためにこんなところまで来たのかと問う信長に、フロイスは布教のためだと答えた。

ポルトガルもそうだが、今や世界を制覇しているイスパニアも、デウスの教え、そしてそのデウスの子のイエス・キリストが広めた教えを信奉し、その教えを、海を越え人種の違いをこえて広める役目を持つものとして、自分たち宣教師が世界中に派遣されてきているのだと言う。

なんのためにそんなことをするのかという問いに対してフロイスは、人を救い、人に善悪を教え、人を人にするためですと答えた。善悪を知るとどうなるのかという問いに対しては、善悪を知って善行を積めば、地獄ではなく天国《パライソ》に行けるようになるのです、と答えた。

どうせ自分は地獄に行くのだと信長は即座に思ったが、そんなことより何より、地図の中の日本という島の寄り集まりの国の小ささと世界の大きさが、さらには、世界を制覇したというイスパニアがどこにあり、そしてどこを制覇したのかが何より気になった。

するとフロイスはポルトガルの右側を指し、これがイスパニアです。そしてイスパニアの領土はここ とここですと示し始め、その領土の大きさに信長は驚嘆した。エウロパの大半と、南北のアメリカ、アフリカの一部がイスパニアの領土だと言う。ありえないと信長は思った。

そんな広大な領土をどうやって攻め落としたのだと問う信長にフロイスは、アメリカに関しては鉄砲と馬、ヨーロッパに関してはそれに加えてテルシオというスペイン帝国独自の軍団、それにキリスト教と富ですと答えた。

テルシオは二百から三百人の、鉄砲を持った兵士と長い槍を持った兵士が方形に寄り集まった軍団で、方形の周囲を鉄砲を持った兵士が取り囲み、敵に向かって鉄砲を放ちながら前進し、ある距離まで近づくと、長槍を持った兵士が槍を水平に構えて攻め込む、すると相手は無数の槍が鉄砲を放ちながら向かってくるようで、恐怖に怯えて敗走するのだという。

儂《わし》の戦法と似ているではないか、と信長は思った。では海はどうするのかと聞けば、フロイスはアメリカには鉄砲を持った部隊が大きな帆船で渡って、飛び道具を持たない先住民を蹴散らします。

エウロパの海戦ではガレー船で戦います。ガレー船の武器は大砲と、大きな槍のように前方に突き出た衝角《しょうかく》と呼ばれる船首です。その船首を相手の船の側面めがけて全速力で突進し、船腹に穴を開けて沈ませるのです。それでも船が沈没しなければ船に突き刺さった衝角を渡って相手の船に切り込みます。相手は動揺していますから、ほとんどそれで勝利を収めることができます。

水の上での戦いに関してはよく知らなかった信長は、実に興味深いことだと思いながら話を聞いたが、ふと思い出したようにフロイスに尋ねた。

お前が広めようとしているデウスやキリストの教えというのは
どのようなものなのか
デウスやキリストというのはどういう人間なのか？

デウスさまは万物を創られた神です、人ではありません。イエス・キリストさまは、人ですが人ではありません、神の子です。イエスさまは人が何をすれば良いか、何をしてはいけないかを、使徒たちを通して語られたお方です。それを書き記したものが聖書です。しかもイエスさまは、自らの命と引き換えに罪深き私たちの罪を背負って昇天されたお方です。私たちを救い、この荒廃した世に平和をもたらしてくれるお方、つまりは救世主《キリスト》です。

しかしイエスは死んだのではなかったか、どうやって平和をもたらすのだ。

イエスさまは、ひとたび十字架に架けられてお亡くなりになられた後、再びこの世に姿を現されました。デウスさまと同じように、生死を超越した奇跡をもたらされた神です。

イエスとやらが生きかえったのを誰が見たのか？

イエスさまの何人ものお弟子たちが確かに見ました。そう聖書に書いてあります。聖書にはイエスさまの教えも書いてあります。それに、そうしてイエスさまが私たちを救うためにこの世に現れ、いくつも奇跡を起こされ、この世に平和をもたらすということが、イエスさまがお生まれになる前に書かれた古い聖書に書かれています。イエスさまが神の子であることの証拠には、イエスさまは、清らかな体のマリアさまからお生まれになったのです。

さっぱりわからん。

フロイスの話を聞いて信長は思った。具体的な、そして理にかなった戦いの話に比べて、デウスやイエスの話は、なんだかよくわからなかった。けれど、最強の帝国のイスパニアやポルトガルの、鉄砲などというものを創り出した連中が、デウスやイエスのことをすっかり信じているということがさらにわからなかった。

しかも征服されたアメリカの原住民でさえ、今や派遣された宣教師たちに教えられて、同じように信じ始めているという。もしそれが本当だとすれば、それはもう、わかるかどうかという次元をこえた現実、あるいは魔法のようなものだと信長は思った。日本人が天皇や仏教を信じているのと同じことかもしれない。人間というものはなんと奇妙な生き物だろう。

そういえば、一向一揆を起こした信徒衆ほど手強い敵はなかった、と信長は思った、死ぬことを恐れていない人間ほど怖いものはない。連中は、南無阿弥陀仏と一言唱えれば極楽に行けるとなぜか信じている。だから南無阿弥陀仏と唱えながら、矢も鉄砲もかまわずに向かってくる。

極楽がどんなところかということなど知るはずはないが、それにしても安易すぎる。自分が指揮した戦で敵味方を合わせれば、おそらく何十万人もの人間を殺した自分でも、今ここで南無阿弥陀仏といえば、極楽とやらに行けるというのか。馬鹿馬鹿しい。それに比べたら、善を積め、そうすればパライソに行けると言うデウスやイエスの方がよっぽどましではないか。

だが実際には、おそるべき数の仏教の信徒が日本中にいる。今を生きることがそれほどまでに苦しいのか。そんななかで、本願を説いたのは坊主たちだ。坊主にもいろいろあるが、坊主たちのなかには、教義そっちのけで武器を持って街中を闊歩《かっぽ》するものや、境内に遊郭まがいの遊び場をつくって遊女たちを囲っている寺さえある。そんなものが寺と言えるのか。なのにそれを攻撃すれば、自分のことを仏も恐れぬ鬼だと人は言う。

いつだったか、城の石垣を築くために、燃やした寺の墓石を積んでいたら、それをフロイスが見て驚いていたことがあった。南蛮人の目にも罰当たりと映ったのかもしれない。

とにかく邪悪なものを滅ぼし尽くす。

いつの頃からか、信長はそう思い始めていた。立ちはだかってくる敵はもちろん、朝廷も幕府も本願寺も、人の心をたぶらかし惑わす一切のものを、というより、まやかしによって成り立っているばかりか、それによって自らを利している仕組みの一切を滅ぼし尽くす。そしてまやかしのない天下静謐《せいひつ》を達成する。それまでは鬼神となる。敵の軍勢を打ち負かすたびに、そして新たなことを知るたびに、信長の夢想はいつの間にかより大きなものになっていた。

残り少なくなった矢をそれでも射かけながら信長は、フロイスから聞いた、エウロパの街の話を想い出していた。エウロパの街の多くは、とフロイスが言った。街を新たに創るにあたって、まずは教会を創ります。すでに街があった場所にさらに大きな街を創る場合には、カテドラルという巨大な教会を創ります。全て石造りで、内部は大きく天井は高く、カテドラルの前には広場があり、教会から四方に道を創り、そうして街を創ります。

人々は街のどこからも見える教会を毎日眺め、教会が鳴らす鐘の音を聞いて日々を過ごします。祭りの日には広場に集まって、踊りを踊ったり歌ったり、市場を設けて飲んだり食べたりもします。カテドラルとその前の広場は、街と人々の営みの中心なのです。

それを聞いた時、信長は自らの夢想が大きく膨らむのを感じた。どうせ創るなら、戦のためだけの無骨で面白みのない城ではなく、巧みな戦略性に加えて、カテドラルのような荘厳で壮麗な城を、人々を圧倒すると共に、心を自ずと浮きうきさせるような、遠くから人々が見上げて美しいと感じる城を創る。もちろん内部は意匠を凝らしてエウロパにもない、浮遊感漂う美しい極楽のような空間にする。信長は新たな城を創り、そこに自らの夢想を凝縮させることにした。

安土城は普請《ふしん》を始めてからわずか三年で、地下一階地上六階の贅を尽くした城として完成した。城そのものが琵琶湖を眺望する高台にあり、しかも巨大な石垣の上に建造されていたため、その姿は遥か彼方からでも見え、辺りを睥睨《へいげい》するかのようにして聳《そび》え立っていた。内部は城の中心部が地下から地上四階まで吹き抜けになっていたため、狭苦しいものと思って中に入った者は、周囲を埋め尽くす絢爛《けんらん》豪華な絵にも目を惹かれたが、それより何より、建築の内部に設けられた天へと続くかのように見える開放的で大胆な空間に度肝を抜かれた。

完成してから信長に安土城を案内されたフロイスは、このように贅《ぜい》を凝らした、そして大胆な空間を内蔵した建築は世界のどこにもないと驚嘆した。五層をぶち抜いた吹き抜けの上には、法隆寺の夢殿のような八角形の御殿があり、文字通り四方八方を見渡すことができた。そんなカテドラルなど見たことも聞いたこともない。神聖な神の家であるカテドラルの大空間の上に部屋を設けるようなものだとフロイスは思った。

さらにその上に、信長のための黄金の天主があった。それは外から見ても、その内に入っても、信長こそが天の主であることを、言葉ではなく全身で感じずにはいられない、問答無用の信長の見事な建築的創意の結晶だった。フロイスにはそれが、かつて自分が話したデウスを信長が強く意識したからだということがすぐにわかった。何しろ名称そのものが天主なのだ。驚くフロイスに信長は、もう一つお前に聞かせたいことがある、と言った。それは信長が新たに建造した軍艦についてだった。

安土城が完成する少し前、信長は、強力な水軍を持ち、海での戦闘を得意とする毛利軍を海戦で破っていた。信長によれば、それはフロイスが話したガレー船に着想を得て建造したとのことだった。フロイスから話を聞いた時に信長が感心したのは、イスパニアが、遠く離れた海の彼方にも領土を持ち、そこを治め、そこから得た金や銀などを本国に持ち帰っているということだった。

地続きの狭い場所での争い合いにも、とんでもない労力と胆力がいる。そこを治めるとなるとそれに加えて知恵が、あるいはそれ以上の何かがいる。その点に関してフロイスに尋ねた時、フロイスが面白いことを言った。

海の向こうの大陸を奪うには、もちろん戦力が必要です。ただ広大な領地を武力で抑え続けることは無理です。そんなことをすれば膨大な兵力が必要です。それを維持し続けようとすれば、どれだけ金があっても足りません。大切なのは、まずは圧倒的な強さを見せつけること。そして同時に、イスパニアやポルトガルの側についた方が得だと、あるいはその方が良い暮らしができる、と占領した相手に感じさせることです。

広域を治めるには、どうしてもそれを可能にする仕組みが必要です。彼らの生き方をある程度容認した上で、貿易によってであれなんであれ、それまで以上の生き方ができるような現実的な仕組み、つまりは宗主国《そうしゅこく》との関係のありようを構築する必要があります。要するに宗主国に見倣いたいという気持ちを抱かせることです。イスパニアであれ、かつてのローマであれ、帝国を築き上げた国は必ず、その国を宗主国たらしめている何かを持っています。

ローマの時代には、ローマならではの美しく堅固な街づくりが極めて大きな働きをしました。清らかな水を街中に行き渡らせる方法も持っていました。つまりは魅力があったということです。イスパニアはアメリカからの莫大な富を統治国に惜しげも無く費やすことで、それまでとは違った暮らしがあることを実感させました。もちろん、そこでも美しい建築や物が大きな意味を持ちます。

重要なのは、占領した国の重要な場所に、いくつかの、統治の拠点となるような、宗主国のやり方で創った街を置く必要があるということです。真似をしたいと思う気持ちが宗主国への反感を凌駕《りょうが》することが大切なのです。そうすれば、武力で押さえつける必要が無くなる、あるいはそのための労力が格段に減るからです。そこでは私たちのような宣教師の役割も決して少なくはありません。人には心があるからです。人は誰でも苦しみと共に生きながら、どこかで、今とは違う人生があるのではないか、より美しいと思える生き方が、もしかしたらあるのではないかと思っているからです。だから私たちはまず教会を創るのです。

フロイスの言葉の意味を信長は必ずしも正確に理解したわけではなかったが、ただ、いくつかの、視界が開けるような感覚を覚えた。

その時フロイスが信長に尋ねた。ところでガレー船のことから思いついて建造された船とはどのような船ですか？　それに対して信長が答えたその内容にフロイスはほとんど恐怖に近い感覚を覚えた。それは大砲を何門も積んだ堅固な船で、衝角を相手の船腹に突き刺して沈めるガレー船のように、極めて堅固なつくりを持つ軍艦だった。

大砲は籠城《ろうじょう》戦に入った城を壊すためならともかく、地上戦では相手を驚かせるだけでそれほど意味を持たない。しかし船が相手なら話は別だ。大きな玉で穴を開ければ船は沈む。それにガレー船の衝角よりもっと強力な破壊力を持つ軍艦であれば無敵だ。細かなことは言えないが、と信長は言ったが、どうやらその船は、火矢に対しても完璧な防御をしていて、いわば船全体が衝角のようなとんでもない船らしかった。

信長は船の図面を広げて、どうだ、これとガレー船ではどちらが強い、とフロイスに問い、おそらくはこの船の方が、とフロイスは答えざるを得なかった。ならば、と信長が言った。この船の軍団があれば明国にだって攻め入れる。ポルトガルが東洋貿易の拠点とするマカオや、スペイン帝国が拠点とするマニラを奪い取ることも不可能ではないかもしれぬ。

信長は本質的なことを、瑣末《さまつ》なことには左右されずに直感的に見抜く驚異的な感覚と、新たなことをどこまでも吸収する無限の潜在力を秘めていた。どうやら諸国との関係においても、拠点を支配すればそのありようを支配することができるということを信長はすでに理解している。信長の目は、すでに遥か遠くを見つめているようだとフロイスは思った。

本能寺がますます騒然としてきた。どうやら敵が、館の中にまで攻め入って来たようだ。それにしても愚かな、と信長は思った。藤吉郎や家康ならともかく、光秀が天下を取ってどうなる。所詮それを維持する力は無いにしても、万が一そうなったとしたら過去を繰り返すだけではないか。くだらぬ戦乱がいつまでも続くだけではないか……

そう思いながらもう一本の矢を射るために伸ばした信長の手に触れる矢はもう一本もなかった。蘭、と思って横を見れば、見事なまでに白く輝く絹衣を身につけた蘭の姿が映った。

階下から乱入する敵を倒すためだろう、いつもの長い薙刀《なぎなた》を構えて、蘭が階段の上から、凍りついた炎のような眼で下を睨み据えていた。美しい、と信長は思った。

戦を始めてから常に共に戦ってきた森可成《よしなり》が浅井との戦いで討ち死にした後、三人の息子を自分の息子のようにして側に置いてきた。とりわけ蘭は、片時も離れずに自分の側にいた。

フロイスの上司のヴァリニャーニから譲り受けた、連れて歩けば誰もが驚いた弥助と名付けた黒い肌をしたアフリカから来た背の高い男や、色とりどりの派手な衣装を着せた蘭たちを引き連れて、安土城下を駿馬に乗ってもっと歩き廻りたかった。民が目を見張る姿を、うつけ者の殿じゃと笑って儂《わし》を見上げる姿を、見たかった。

が、是非も無い。夢幻に生きた男が下天に消える。それも儂らしいではないか、面白い夢を見た。そう思いながら信長が最後の言葉を発した。

蘭、館に火を放て、夢幻を生きた男に死体などあってはならぬ。

こうして稀代の夢想家が一人、燃え盛る炎の向こうに消えた。五十年に僅か一年、足りなかった。

気付かされたことなら掃いて捨てるほどある、と家康は思った。拾った命の数だって数えきれない。あまりにも多くの負け戦《いくさ》、そして勝ち戦。それに加えて、多くの天才たちを見続けてきた。信玄公、信長公、藤吉郎、真田幸村。そんな天才たちも、みんな死んでしまった。みんな戦で死んだ、あるいは病《やまい》に倒れた。戦と病、その怖さが七十余年を生きてきた私の体に染み付いている。

信玄公は、あらゆる面で秀でていた。若くして武田軍と戦って生き延びられたのは奇跡だ。何しろ、まともに戦って勝てる相手では無かった、というより、とにかく逃げるしか手立てが無かった。

一丸となった赤揃いの軍団を見ただけで、彼らにとって信玄公が神にも等しいということがよくわかった。信玄公のためなら死んでも良い、そんな気迫のようなものが漲《みなぎ》っていた。どうしてそんな兵士たちをつくり出すことができたのか？　そんなことが分かるはずがない。信玄公は天才なのだ。天賦の才というものは真似をすることができない。

ただ、信玄公が名君だということは知っていた。多くの武将たちは、百姓たちから年貢を可能な限り搾り取っていたが、どうやら信玄公は四公六民を公言していた。それはすなわち、領地からどれだけの米が採れるかを正確に把握していたからこそ言えること。同時に百姓も、自分の手元にどれだけ残せるか、残して良いか分かっていたことを意味する。それがどれだけ百姓の気持ちを安定させるのに役立ったか計り知れない。

百姓は自分たちの食べるものを自分たちの手で作り出す。武士は食べるものを何もつくらない。だから百姓がいなければ武士は生きていけない。けれど百姓は武士がいなくとも生きていける。だが百姓にも、戦でいう敵のようなものがある。それは盗賊と災害だ。

戦で他の城下から攻めてくる武人たちは盗賊と同じだ。何もかも奪っていく。それが戦に勝つことにもつながるからだ。だが信玄公は戦に負けない、軍紀も厳しい。だから誇り高き信玄公の武人たちは、こっそり盗賊になったりなどしない。あえて戦を仕掛けて領地にまで攻め込んでくる敵もほとんどいない。それは百姓から見れば盗賊がいないのと、戦がないのと同じことだ。これほど安心なことはない。

それに信玄公は、百姓にとってのもう一つの天敵、災害に対しても気を配った。川を治めるための信玄堤まで編み出した。日照りも大雨も百姓にとっては大敵。春から夏にかけての田に水を絶やさないこと。大雨の時に川が暴れないようにすること。それは百姓の戦の手助けをすることだ。信玄公は武士も百姓も、持ちつ持たれつの関係にあることを熟知していた。

戦に負けず、天災にも負けない国造りを、甲斐は国を挙げて目指していることを、信玄公がその先頭に立って民を率いる武将であることを誰もが知っていた。しかし、その圧倒的な存在感が、結果的に武田の脆さにつながったように家康には思えた。信玄公が病に倒れた後、甲斐は稲が萎えて倒れるように力をなくしていった。信玄公に代わる者などいるはずもない。ならばどうすればよかったのか？　個に頼りすぎない仕組みを創り上げるしかない。もしかしたらそれが、信玄公から気付かされた最も大きなことの一つだ。

そして病。信玄公でさえ病に勝てなかった。もちろん人は誰でも死ぬ。だが、志なかばで死ぬことほど無念なことはない。戦で死ぬのは仕方がない。勝負は時の運だ。しかし病によって道が絶たれることほど理不尽なことはない。信玄公の病ははたして誰が何をしても救えない病だったのかどうか？　その兆候に気づいた者はいなかったのか？　薬はなかったのか、無敵の信玄公が病で倒れるなどとは誰も思ってはいなかったのか？

あれから私は、自分の身体の状態に極力気をつけるようになった。病は罹《かか》り始めの時に、休むなり食べるなり、あるいは茶や薬草を煎じて飲むことで大事に至らぬようにすることができる。だから識者を通じて漢の時代からある薬の知恵を学んだ。自分でも薬草を育て、どのような症状には何が効くかを試しもしてきた。私が長生きできているのは、おそらくそのことと決して無関係ではない。

ふと外を見ると、部屋から見える庭の草花が風に揺れていた。

風がなければ草の葉は揺れない、また、草の葉が揺れるからこそ風が吹いていることがわかる

大切なのはだから、関係を見極めることだ、と家康は思った。

そして信長公。あのお方には無数のことに気付かされた。何しろ信長公はあらゆる面で、この世の枠や約束事からはみ出たお方だった。同時に極めて現実的でもあった。それが若い頃に城を出て野山を駆け回ったからなのかどうかは分からない。

百姓の子は誰だって野山で遊ぶ。だからといって規格外の人間にはならない。城主の子なのに野山で勝手気儘に遊んだから、あのようになったのか？　そうかもしれない。ただ私だって少しは、同じように野山で遊んだ。まだ若かった信長公と相撲を取ったりもした。けれ

ど私は城に帰れば、もとの大人しい子どもに戻った。

その違いはもしかしたら、信長公は城主の子で、私は城主の子ではあったけれども人質として他国に預けられていた身分だったということからくるものなのか？　そうかもしれない、けれどそうではないかもしれない。そんな単純なものではないような気がする。

あのお方の外れ方は、どう考えても、持って生まれた何かによるものだとしか思えない。ただ、もし信長公が私と同じように人質として他国で育ったとしたら、あのようにはならなかったとも思える。人のありようは、天与のものと育ちとの関係の中にあるからだ。逆に言えば、ほかとは違う何処か並外れた資質を持った者でも、育つ環境によって、それが外に現れたり現れなかったりするのだろう。

興味深いことに信長公は、ものの見方や価値判断が突飛だったにもかかわらず、その反面、戦などでは極めて理詰めだった。大して大きくもない国の城主でありながら、どこよりも多くの鉄砲を買い、わざわざ長い槍をつくらせて訓練させたりもした。

考えてみれば確かに、槍で相手を突くなら長い槍を持った方が有利。しかし実際にはどの武将も同じような長さの槍を用いていた。槍とはそういうものだという固定観念があったからだ。それに、槍の戦い方の訓練でも、槍ならではの型のようなものがあって、振り回したり切りかかったり、どこか長い刀のように扱っていたが、信長公は突きに徹した。

信玄公は鎧兜を赤で統一するなど、独特の美意識を持っていて、戦い方にも軍旗にも武田軍ならではの風情のようなものがあった。信長公は、もしかしたら信玄公よりも強かったと感じるほどの、独特の美意識の持ち主だったが、しかしいざ戦になると、そんなものは無視した。戦いの定石も作法もかなぐり捨てて、勝つためには何が必要か、相手の弱点は何か、それを的確に突くにはどうすれば良いかということに徹した。戦とは殺し合いに過ぎないと、誰よりも思っていたからだろう。

だから常に、相手に勝る強力な武器にこだわった。大筒《おおづつ》があると聞けばそれを揃え、どうしても勝てなかった海戦では、フロイスから聞いたイスパニアの軍艦に興味を持って、とんでもない船を創らせて毛利水軍を圧倒した。だが、より強力な武器を求めることには、一つの落とし穴のようなものがある。

鉄砲であれ大筒であれ、人が造ったものであり、分解すればその仕組みがわかる。頭の良い誰かが、そこからより強力な武器を作ることも可能だ。そうして一段と強力な武器を持ったものは、自ずとそれを実戦で使いたくなる。相手はさらに強力な武器をつくろうとする。つまり強力な武器はより強力な武器を生み出す種となる。その無限循環を止めるにはどうすれば良いか？

それは武器を、刀なら刀、鉄砲なら鉄砲を、それらはこういうものだという形を定めて、そこから一歩も出ないようにするしかない。もちろん、イスパニアやオランダやポルトガルなどが競い合うエウロパでは、どんどん強力な武器が出現するだろう。それに関しては知っておく必要がある。ただその知識を他者に知らせないことだ、自分が知るだけにとどめる。自分が持つだけにとどめる。実物を人に見せないことだ。物は知識と同じように、自ずと広まる力を持っている。だからそれを自分の身の回りだけに留め置くようにする必要がある。

そういえば信長公は新しいことを知るのが好きだった。新しいことを知れば、それだけ自分が大きくなると思っていたようにも思われる。フロイスから地球というものとその大きさを知らされた信長公は、その瞬間から目的を大きく広げた。奪い取るべき領土の広さ、というより領土の概念そのものが信長公のなかで大きく変わった。

街に関してもそうだ。それまで田畑と城で成り立っていた城下というもののありようを、信長公はエウロパの街やその歴史を知った上で、安土で大きく変えようとした。志はなかばで終わったとはいえ、私はその意味を私なりに理解した。

藤吉郎は私の力を削ぐために配置換えをして私を江戸に移したが、かつては何もなかった江戸の地で、私はそれを試し、それなりの成果をすでに得ている。何もなかった地だからかえってやり易かったとも言える。禍い転じて福となすとはこのことだ。何が幸いするかは、本当にわからない。ただ、大切なのはほどほどに知る事だ。知り過ぎることは必ずしも良くない。民にとってはなおさらだ。

誰も信じるな、ということも信長公を見ていて気付かされたことだ。何しろ最も優秀な戦術家の一人と評価していた明智光秀に裏切られた。それでなくとも、いくら戦国の世とはいえ、信長公は兄弟とさえ戦を交えなければならなかった。だから重要なのは、いくら信頼できると思っても、あるいは命を助けてもらったとしても、その者を過剰に評価しすぎないことだ。というより、自分を巨大な存在にし、それ以外をその足元にも及ばない者にしてしまうことだ。

だから、征夷大将軍になり江戸幕府を開いてから最初にやったことは、全国の領土の石高《こくだか》を計り、そのうちの四百万石を幕府の天領とし、残りを諸藩に配分することだった。もともとの家臣にもそれ相応の石高を与え、徳川御三家や旗本という役割を設けて、私と親しい関係にあるとする名誉を与えたが、しかし彼らには多くの石高をあえて与えなかった。

大まかに言って人は一年で一石の米を食べて生きる。すなわち十万石の城下は、十万人を養うことができる。なかには多くを食らう者も、食べていけない者もいるだろうが、それはそれぞれの藩主の器量とすればいい。度が過ぎれば政《まつりごと》を行う資格がないとして石高を減らす。許しがたい不始末や不正があれば取り潰す。あるいは別の知らない領地へと配置換えをする。そうすれば城下との関係を一から立て直さざるを得なくなる。自ずと癒着も減る。

江戸から遠いところには功績に応じて、比較的多くの石高を持つ城主を配したが、それらには幕府への忠誠の意を表すために、家臣団とともに時折江戸城を訪《おとな》うことを義務付けることにした。そうすれば、こっそり軍資金を蓄えることが難しくなるだろうと考えたからだが、同時に、その大勢の臣下を伴った長旅が五街道に面した街が栄えることにもつながる。

そのために江戸の日本橋を起点として全国に五つの街道を整備することにしたが、それは信長公が、古代ローマ帝国はローマを中心にしてエウロパ全土に街道を設置したのだと話してくれたことが頭から離れなかったからだ。確かにそうすれば、全土に目を光らすことができる。何かあれば大軍勢を率いて向かうこともできる。

逆に城主たちには石高を私が決めて固定して、それ以上の勝手な開墾を禁じて成長できないようにすれば、街道を攻め上る覇気も次第に萎えるだろうという算段もあった。そして街道を賑わせながら諸侯が江戸参りをすれば、その途中の宿場町で、かりに不穏な言動をする者がいれば宿の主人や町に忍ばせた者などからすぐに知らせが来る。

栄えるということには常に功罪がある。街や城下が栄えれば、民にとって喜ばしいことだが、しかし私からみればそれが、不穏の種を生むことにもつながりかねない。その点に関しても信長公は、御朱印という実に優れた方法を考え出した。自分が認めた相手だけに、何かをして良いと朱で認《したた》めた許可書を発行する。そうすれば誰がどこで何をしているかを把握することができる。持たない者は違法であって大きくなることができない。

だから食べればなくなる米、貯めても年を越せば古米となるばかりの米を本位とする経済を軸として、石高で諸侯の力を縛るとともに、米に代わるものの筆頭としての金銀銅の通貨を、その材料を掘り出す鉱山を幕府直轄とした。金や銀を貨幣にする作業や場所も直轄にして、不思議な魅力と力を持つ通貨を統括する事にした。

外国との貿易も、浦賀や平戸や長崎だけに港を定め、御朱印を持つ船だけに交易を許した。みんな信長公が先鞭をつけたことだ。天才とはまさに信長公のためにあるような言葉だ。だがあらゆる人の上に立つ天才にも、天才ならではの盲点がある。それは、天才以外のほとんどの人が凡人だということが実感としてよくわからない。天才は誰も思いつかないようなことを当たり前のようにして見つけ、誰もできないようなことを軽々とやってのけるからだ。

もちろん凡人のなかにも何かに秀でた者たちはいる。信長公はそのような人物を過度に取り立てた。そのような者に自分を理解する力があると思ったからかもしれない。ただその事が信長公の死を招いたとも言える。天才に関して凡人には所詮わからないことが、わかりようもないことが無数にあるということをつい見失ったからだ。

だから天才であれなんであれ、過ぎるというのは良くない。凡人にだって心がある。口もあれば顔も手もある。悲しみも喜びも怒りも、人であれば誰もが感じる。能力の差を見せつけられ、自分が凡人であることを公然と笑われれば、恨みもする。世の中を生きるほとんどの人が凡人だとすれば、世の中を凡人同士で生きていくには、程々に賢く、程々に愚かであるくらいが、程々に楽しく程々に苦しいくらいがちょうど良い。

他に抜きん出た才覚は摩擦を生む。その度合いが過ぎれば凡人には理解できなくなる。だから、ほとんどが凡人のこの世の中では、少数の抜きん出た才覚や力の持ち主は、次第に仲間とはみなされなくなる。好かれなくなる。信長公にそれでも多くの武将が付き従ったのは、信長公が天才だったからではない。為した結果が圧倒的だったからだ。

それにしても、と家康は思った。信長公は一向宗などの宗教や天皇や朝廷や幕府に対して苛烈だった。私から見れば明らかに苛烈過ぎた。一向宗徒は死を恐れない。念仏を唱えた先の来世を信じているからだ。彼らが抵抗するからといって、その宗教を広める大本の寺を焼けば、宗徒は生死を度外視して歯向かってくる。それでどれだけ苦労したことか。

信長公は総本山をなくしてしまえば宗徒もそのうちいなくなると思ったのかもしれないが、実際にはそうはならなかった。今にして思えば当然だったかもしれない。宗教は、その教義は、それが染み込んだ一人ひとりの信者の心の内にあるからだ。

天皇や朝廷や幕府も同じだ。多くの人々が長い間信じ、人々がその上下関係の中で遥か昔から生きてきたことには、そうあり続ける力が備わっている。見たことも会ったこともなくても、ずっと雲の上の存在であり続けてきた貴人への敬いの念はもはや体に染み付いてしまっている。信長公のなかにも、それは当然あっただろう。ただ信長公は、自分が力を持つようになり、天皇や朝廷などの存在やそこから出される冠位や指示に頻繁に接し始めるにしたがって次第に、それを煩わしく感じるようになっていった。

だから時には彼らを無視し、時には利用し、時には彼らに命令したりなどした。朝廷や幕府はそんな信長公に疎ましさと恐れを感じざるを得なかっただろう。貴人を敬うことを当然としてきた周りの人々であればなおさらだ。習慣と同じように、長い時とともに馴染んできたものには理屈を超えた現実的な力がある。信長公はそのようなことに、宗教に対するのと同じようないかがわしさのようなものを感じていた。

もし私なら、と家康はしばしば思った。宗教であれ天皇制であれ、そういうよくわからないものに関しては、現にそうである以上、そうであり続けてきた以上、それを真っ向から否定すれば摩擦や反発が起きる。信長公が嫌ったのは、冠位であれなんであれ、上から下に与えられるという、その構図そのものだったように思う。どうして戦さえまともにできないものが当たり前のように偉そうにするのかと。

だから私は、布告を発したり冠位を授けたりする権限そのものはそのままにして、ただそれを勝手に行うのではなく、必ず私の承認を得た上で行うようにすれば良いのではないかと考えた。もちろん私にとって好ましくない内容のものに関しては許可を与えない。

寺に対しても朝廷に対しても、諸侯と同じように相応の石高を与え、そのことに加えて武力を背景に、全てを自らの裁量や判断や利害によって行うのではなく、私の了承を受けた後に行うことにする。そうすれば、権威や権限はそのままのように見えるけれども、実際には上下関係が逆転する。

権力とは何かと考え続けた私が達した結論は、それは必ずしも武力そのものではなく、世の中の暮らしや物事の進め方やそのありようを決める力、つまり、武力を背景にしてであれなんであれ、世を仕切る法をつくる力が権力であり、その力を持つ者が権力者なのだ。

だから、長い間そうであったこと、現にそうであり続けていることに関しては、それを真っ向から否定し根絶させようとはしないほうがいい。新しい何かを始めるにしても、できればすでにある何かを利用したほうがいい。

だから、この国に生きる人を幕府が全て把握することにしたから一人残らず藩主に届け出よ、という告示を出せば、人々はそれで何をするのかと心配になる。年貢が増えるのではないか、戦に駆り出されるのではないか、呼び出されて理不尽な役目を命じられるのではないか。疑心暗鬼が憶測を呼び、不穏な動きにつながりかねない。

そこで私は、一つの村に一つの、村を守る鎮守の社《やしろ》を置くことにした、なければ村人の日々を護るためということで新たに造り、そして全ての村人をその庇護の下に置くこととした。一つの村に一つの鎮守、そうすれば、村人の数が把握できる。一つの藩に百の村があれば、それぞれの村人の数を合わせれば、その藩に何人の人が暮らしているかを即座に把握できる。

そうすれば、藩の石高を決めるにも、年貢を換算するにも都合がいい。数さえわかればいい。そうすれば飢えるまでには至らないが余計に富むこともないように村や藩の全体を摩擦感を感じさせずに管理することができる。

個々人の名前まで全て知ろうとすれば、人々は無意識のうちにも恐怖を覚える。自分の全てを城主に把握されてしまうような気分にもなる。名前などどうでも良い。そして全ての鎮守を統括するものとして、あるいは全ての鎮守を護る存在としてきらびやかな東照宮を置く、そこに神として私を祀る。そうすれば私が死してなお、全ての民を護り続ける権現様であるということに結果的になる……

気がつけばもう太陽がすっかり高くに上っているようだった。樹が生い茂る庭に面した静かな部屋の、朝が過ぎても敷きっぱなしにしてある寝床の上で、朝と昼の間にわずかの粥を口にしたのち、再び体を横たえて想いを巡らしていた家康は、ゆっくりと体を起こし、蒲団の上に坐って庭を眺めた。

縁に舞い降りてきた一羽の小鳥が
ピョンピョンと縁の上を軽く飛び回ったのち動きを止め
スッと身をすくめて飛び立った。
樹の上に鷹の気配でも感じたのか、と家康は思った。

鷹狩りに行って倒れてからもう随分の日々が過ぎた。それにしても、藤吉郎もまた信長公に負けず劣らず規格外の、小鳥のような、それでいて鷹でもあるような、実に不思議な男だった。

あのような男は戦国の世でなければ、そして信長公に見出されなければ世に現れ得ない人物だった。なにしろ一介の百姓が太閤にまでなった。だがそれが果たして、世の中にとって良いことだったのか、どうか？

戦《いくさ》続きの、そして下克上に下剋上を重ねる風潮の中では、命知らずの百姓の若者が落ち武者の鎧兜や脇差を奪い、それを身につけてどこかの軍勢に加わることはよくあった。もしかしたら藤吉郎もそんな一人だったのかもしれないが、いつどこでどうしたというようなことはどうでもよい。問題は、それが一軍を率いる将に、そして太閤にまでなったということだ。

その事実は、あわよくば自分もという、無数の追随者を生んだのではないか。無論、信長公以外の誰も信長公にはなれないように、藤吉郎以外の誰も羽柴《はしば》秀吉にはなれない。藤吉郎にしたところで、無数の幸運の後押しがあってのことだ。だが人はそうは思わない。何も百姓でなくとも、腕に覚えがあったり、身の丈に外れた野望の持ち主であったり、妙に機転がきいたり、それなりに魅力があったりすればなおさらだ。

だがそうしたことは、突き詰めれば、さらなる戦や謀反の呼び水になったのではなかったのか。誰もが上を目指す、そしてその上を目指す。邪魔な者を討つ、そして討たれる。戦が続き、さらに続くことによって、善悪が崩れ、習慣が崩れ、世が乱れ、それがさらなる乱れを生む。そこから、私が嫌悪し恐れる戦の火種が生じ、そして無数の戦が勃発する。それが戦国の世だった。それは世の中そのものが戦をつくりだす仕組みになっていたということだ。

ではそうではない仕組みとは何か、と戦嫌いの私は考えざるを得なかった。そこから私が導き出した答えは、諸侯の石高と同じように、身分そのものを固定するということだった。武士の子は武士、百姓の子は百姓、商人の子は商人、工《たくみ》の子は工。それを代々続ける。とにかく続ける。そうすれば藤吉郎は現れ得ない。同じように江戸幕府の将軍の地位を継ぐものは私の子孫のみ。将軍の子だけが将軍になる。それこそが最も安定を継続させやすい。しかも分かりやすく定着しやすい仕組みだ。武に秀でた者が幕府を率いるという考えが、そもそもの過ちだった。

しかも幕府と朝廷と何人もの有力な武将たちがそれぞれ都合のよい決まりごとなどを自分たちの権限において発布したことが乱世のもとだった。権力というものは一本化されなければならない。権力の乱立は必ず争いを生む。だから権力を幕府に集中させ、その下にあるものたちの力を分散化させ、権限を制限して力を削ぐことだ。

最初は抵抗があるかもしれない。しかしその仕組みが十年続き、五十年続き、百年続けば、誰もそれを不思議とは思わなくなる。百姓が武士になるなどという考えそのものが浮かばなくなる。幕府が雲の上の存在だということにも疑問を抱かなくなる。何よりも、天皇という存在がその有効性を証明している。

百姓の子で、百姓というものは治世者が思っているよりしたたかだということを知っていた藤吉郎は、異常に高い年貢をかけて百姓にとことん厳しく接したが、何事もやりすぎは良くない。信玄公ほどではなくとも、ある程度の余裕、あるいはお目こぼしの余地がなければ百姓は生きていけなくなる。そうなれば一揆だって起こす。どうせ生きていけないのならせめて、と百姓が思うところまで追い詰めてしまっては意味がない。けれど楽にさせすぎてもいけない。共存してこその武士と百姓なのだから、五公五民あたりが程よいところかも知れない。

百姓も諸侯も、余分に蓄えられるほどではなく、かといって飢えてしまうことがない程度の石高を定めてそれを固定する。それと同じように身分も固定する。石高を算出する田の面積を把握するように、武士や百姓や商人や工《たくみ》の数を把握する。よほどのことがなければ身分を変えることは許さない。同じように身分の上下も定着させる。上は上、下は下。上からの命はそれを果たす。もちろん一番上には将軍がいて、将軍の命は絶対。

だが、身分の内での自由はある程度許容する。それは家長制度のなかでの家族の内の自由を許容するのと同じ事だ。万事がそうだが、あまりにも枠にはめすぎると、そこからはみでようとするものが必ず出てくる。だから問題は、絶対多数の民を士農工商の枠の中に入れたとしても、そこに収まり切れなくなった者をどうするかということだ。

それに関しては、この国には昔から出家や世捨て人という面白い仕組みがある。世間で生きることを捨てて仏門に入る。そんな者が多少出たところで何も問題はない。それと、商いや工などを長い間勤め上げてそれなりの財を成したものが、家督を子どもに譲って隠居し、何の役にも誰の役にも立たないかもしれないけれども、自分の好きなことをして余生を暮らすというのも悪くない。それは身分という枠の中で決まり切ったことをし続けてきたことに対する一種の褒美。それくらいの緩みはあって良い、というより、あまりきつく縛り付けては、そのうちどんな太い縄も切れかねない。

それに人には、知らないことを知る喜び、学ぶ愉しみ、あるいは日常の善悪や損得を越えたなにかに魅了されるという性癖のようなものがある。そうでなければ仏教やキリシタンの教えに人が身も心も捧げたりするわけがない。しかし宗教というものも、信長公が看破したように、その影響力が過ぎれば、もう一つの権力として世を左右してしまう危険性をはらんでいる。

だから、宗教に代わる何か、精神的な何か、体で覚える何かが民には必要だと家康は思った。それも武士にも商人にも百姓にも職人にも共通する価値観を、そしてどこまでも考え続けていける深い何かを内包した教えのようなものが、どうしても必要だ。そして家康は儒教というものに目をつけた。

親を敬うことであれ、身分の違いや礼節を重視することであれ、また人の道としての仁や義を説く儒教は分かりやすく、しかも治世に役立つ要素が多い、それが皇帝が変わってもなお大陸でもてはやされ続けてきた一つの理由だろう、と家康には思われた。

もちろんそれを広めるには民に基本的な素養がいる、というより、世の中を過ちや摩擦なく効率よく治めるには、読み書き算盤などの、基本的な素養が要る。それがなくては商いは回らないし、年貢を納めるにも徴収するにも、上のものだけしか文字や数字を読み石高を計算することができないようでは何かと不便だ。ある程度のことは誰もができなくては具合が悪い。それに、文字や数字を解する多くの目が光っていれば不正も起こりにくい。

つまり物事を特定の者に任せきらずに、身分の上下をはっきりさせた上で、複数の担当者が見るようにする。だから、私は政《まつりごと》を行う最も重要な役目として老中という役目を置いたが、それには必ず若年寄という、老中を補佐すると同時に、その働きを見張る役目の者を置きもした。

とにかく、いたるところに別の目を、つまりは私の分身のような者の目を光らせる仕組みを徹底的に構築した。何をするにしても、何をどれだけどこまで知っているかが勝負を分けるからだ。

要するに安寧な世の中とは、大きな変化のない世の中だということだ。もちろん人の世に、小さな変化は必要だ、去年とは違う流行歌《はやりうた》。いままでとは違う柄の着物や、それぞれの郷土や季節にしかない菓子や食べ物、そうした何気ない楽しみや喜びが人の日々の暮らしを彩る。

武士に関しても同じだ。武士道という自縛的な美意識の中で戦さのための武ではなく、自らの精神を高める訓練、一種の修業としての武を嗜むことをよしとすれば、自ずと武士は戦闘性を喪う。

ともあれ、大きな変化は混乱を招く。重要なのはだから、どうすれば大きな変化は起きないけれど、日々の楽しみがそこそこあるような、そんな世の中のありようやそのための仕組みをどうすれば創り上げることができるか、ということだ。

ただ、あんなにも素早く、活気にあふれていた藤吉郎でさえ病で死んだ。病は怖い、全てを中断させてしまう……

全身に妙な気怠さを感じた家康は、ぼんやりと庭の方に目をやった。

日が暮れかけていた。

庭にほんの少し夕陽がさしているように見えた。

曇り空も青く澄み渡った空もあれば、それが赤く染まることもある。

そして夜と昼、夏と冬、すべては陰陽の中にあるのだ、と家康は思った。

赤みを帯びた庭の木々の向こうに家康はふと、真田幸村の赤い鎧を見たような気がした。

あんな危ない奴はいない、あいつには、すんでのところで殺されそうになった。何しろ個性が際立っていた。それだけではなくて、様々なことに秀でた個性の塊のような連中を何人も側に置いていた。

豊臣との決戦の冬の陣では、攻め落とせなかったのは真田の砦だけだった。夏の陣では矢のように突進してきた真田の部隊に危なく首を取られそうになった。そうなれば全てが終わっていた。それが戦というものの恐ろしさだ。信長公と同じように、真田も天才、それも戦の天才だった。それにどこか華やかな気配を振りまいていたあたりは、信長公に似ていたかもしれない。

戦に臨んで、幸村が何を考えるかは誰にもわからなかった。戦術は突飛なようにも思えたが、後で考えれば妙に核心をついていた。もしかしたらよほど正確な情報を掴んだ上での作戦だったのかもしれない。いざ戦が始まっても、部隊が小さかったからこそ出来たことかもしれないが、常に臨機応変に作戦を変えた。

とにかく、際立った個性の持ち主ほど危険なものはない。際立った個性の持ち主のもとに、大将に負けず劣らず個性的な連中が寄り集まればなおさらだ。信長公も異才を好んで召抱えたが、幸村には常人には考えつかないような思考の回路があって、その奇妙な回路に合致するような、あるいはそこからさえもはみ出す異能の持ち主を好んで仲間としたのではないかと思われる節がある。

だからあの部隊には一瞬の油断が命取りになる怖さがあった。何しろ、どんな手を繰り出してくるかわからない、さらにそれをどう変えてくるかもわからない。きっと、あれだけの突出した一騎当千の異能の集まりだからこそ閃く何かが、あるいはだからこそできる働きがあったのだろう。そんな連中が幸村のもとに集まっていたということは、あいつにそれだけの魅力があったということなのか？

どちらにしても、幸村のやることは私には出来ないことばかりだった。私には、あんな連中を側に置いておくことなど怖くてとてもできない。あんな綱渡りのような作戦を面白がってやるような狂気にも似た遊び心、あるいは余裕、もしくは自信のようなものは私にはない。

逆に言えば、もし幸村が生きていたら、これから何をやりだすか、私には見当もつかない。つまり際立った個性ほど得体の知れないものはない。そんな集団ほど怖いものはない。

何も戦ばかりのことではない。法であれ制度であれ仕組みであれ身分であれ慣習であれなんであれ、世の中を安定的に維持するために必要な取り決めの一切を、あいつらは無視、というより度外視する。必ずどこかに隙間を見つける。そこから自分ならではの面白みを見出そうとする。そしてそれはあっという間に民の心を駆り立て、巨大な動きとなって幕藩体制を脅かす危険性を秘めている。

人は誰しも自分の存在を認めてもらいたいという気持ちをどこかに密かに抱いている。人と争わずに仲良く、みんなと同じように、今日を昨日と同じように、明日を今日と同じように生きていきたいとも思っている。けれど同時に、食べ物の好みがそれぞれ違うように、他の人とは違う何かを自分の内に感じながら生きてもいる。それが一人ひとりの個性をつくる。

だが、際立った個性は何かと摩擦を生みやすい。十年一日のごとくの安定した日々が続く変化のない、というよりできるだけ変化を起こさないようにつくられた仕組みの世の中では、際立った個性は変化を誘発する火種になりかねない。あまり個性的な者が多くなれば、身分を守り分をわきまえる暮らしがつまらなく見えてくる。際立った個性を持つ者が集まれば、それこそ何を始めるかわからない。

だから個性というようなものは、野菜の大きさに多少の違いがあるという程度に育てるのが丁度良い。学問を学ぶ場では、それなりに優れた子を見つけることも大切だ。ほんの少し優れていれば十分だ。そういう者が国を治めるための細かな仕事には最も役に立つ。そういう者に目を掛ける、そういう者に褒美を与えて昇進させる。それが新たな秀才を得ることにつながる。頭が良すぎては、あるいは視点が個性的に過ぎては、下手をすると制度そのものに疑問を抱きかねない。

過ぎるのも足りないのも良くない。何事においてもほどほどが良い。だから、学問の場であれ裁きの場であれ勘定の場であれ、ある程度の役割を持って下々《しもじも》の上に立つ者こそが重要だ。その任にふさわしいかどうかは、その者の考え方や判断が、突き詰めれば幕府に、つまりは私の考えに近いかどうかで決まる。それを判断するのがその上に立つ者にとって最も重要な仕事だ。


部屋の内も外も、すっかり暗くなっていた。

いつの間にか部屋の障子が閉められ、部屋には小さな明かりがついていた。

部屋の外で梟《ふくろう》が鳴いた。

闇の中でも目が見える鳥がいるのは不思議だ、と家康は思った。

布団の上に仰向けになって体を横たえた家康は、薄暗がりの中で、ぼんやりと天井を見つめた。そういえば幸村も多くの忍びの者を抱えていた。だが、あいつの忍びと私の忍びとでは、違いがあったのか、それともなかったのか?

このところ食欲がない。どこか深いところから襲ってくる重い睡魔のなかで家康は、そうだ、明日の朝は、庭で育てた薬草の、あれを今度は試してみよう、とぼんやりと思いながら瞼を閉じた。そしてそのまま、朝になっても家康の目は、閉じられたまま開かなかった。

こうして徳川家康は七十四歳の生涯を閉じた。当時にしては随分長生きをしたといえるだろうが、天下分け目の戦いで豊臣勢を壊滅させてから、わずか二年後のことだった。

しかし家康が基本的な仕組みを築いた徳川の世は、それから二百六十年もの長きにわたって続き、その間、大きくは変わることのない日々が繰り返され繰り返し続けられるなかで、家康が創り上げた世のなかの仕組みそのものが、いつの間にか人々の心身に、深くふかく染み込んでいった。

## 第七話　松尾芭蕉

芭蕉は加賀の温泉《いでゆ》の郷《さと》、文字通り山の中の小さな村、山中《やまなか》にもう七日も留まっていた。朝起きて、鶴仙渓《かくせんけい》に沿った小道を歩いていた時、澄んだ水の流れに反射した一筋の光が、ほんの少しの眩しさを伴って芭蕉の目を射たその時、芭蕉は、このままどこにも行かずに、山に囲まれたこの小さな郷《さと》で生きていくのも悪くはないかもしれない、と感じた。

思えば旅をし続けてきた。西行法師の五百回忌にあたる年に、どうしても実現しなければ、と思い続けてきた旅、奥への旅を始めた。訪うべき場所は、あらかじめ、おおよそ決めてはいた。それらの地を巡り、この目で野山や川や海のありようを見、吹き来る風を感じ、行きたかった場所を訪い、人に会い、土地の言葉の音や調べを聴き、それらに反応して生まれた句などを書き留めて、いずれは書物にすると、それは最初から決めていた。

けれど、旅というものは行く先に何が待っているかわからない。もちろん途中で病に倒れて、そのまま命を終えることもあるだろう。それでなくとも、巡り歩くのはどこも見知らぬ場所。土地の人から見れば旅人は他所者《よそもの》。どこで何が起きても不思議はない。これまでいくつもの旅を、とりあえず無事に終えてはきた。それを書物の形にまとめてもきた。

けれど、この旅には、これまでとは違う強い思い入れがあった。人生五十年と言われるその齢《よわい》に自分が近づいているということもあるかもしれない。けれど、そういうことではない気がする。旅路で死ねば本望と思ってもいる自分であってみれば、いつ死ぬかわからないのは当然のこと、分からなくて結構。その分からない末期まであと何年と考えたりすることなど無意味。

それより、これこそが芭蕉の句だと自分でも思える句を、これまでいくつ詠めただろうか、そんな句があるだろうか？　少しはあるような気もするが、まだ何かに手が届いていないという気持ちも心のなかに強くある。それが何かを、この旅のなかで見たい、できればそのような想いと触れ合う句を書き遺して置きたいという気持ちがあって、それで旅に出たような気がする。

もう何十年も俳諧の連歌の世界に身を置いてきた。だから、連歌の座のなかでなら、いかようにも役割をそれなりに果たすことができるとは思う。また、特定の想いや美のありようを想い描いてそこに向かって句をつくることも出来なくはないと思える。けれど、これまでの芭蕉が形にしてきたようなものではない何か、これまでの芭蕉が心のどこかで到達したい、五七五の音にしたいと思いながらも、まだ手にしていない美の形に、この旅のなかで出会いたい。

その気持ちが何よりも強かったような気がする。そしてそんな気持ちを常に心に秘めながら、とにもかくにも、すでに五百里以上の道を歩いてきた。旅に終着点をあらかじめ設けるのも無粋とはいえ、とりあえず、なんとか辿り着きたいとして定めた大垣まではもうわずか。一冊の書物としてまとめ上げることができれば書き続けてきた奥の細道も、このまま行けば、なんとか形にすることができるかもしれない。

そう思っているはずなのに、酒田を後にし、新潟を過ぎ、加賀の地に入り、とりわけこの山中の地に来てから、体の奥深くから、今まで聞いたことのない、私のなかのもう一人の私の囁《ささや》きのようなものが聞こえてくる気がする。

ここに留《とど》まって生きてはどうか?

そんなことをすれば、奥の細道が完成しないことになる。けれど、考えてみればこの旅でやろうと思ったことの多くはすでに成したようにも思える。もちろん足りないものはいつだってあると感じはするが、それはいつものこと、もちろん、いまさら旅をやり直すわけにもいかない。

そのことはこの書の初めに、月日は永遠に旅をする旅人のように行き過ぎる、という言葉ですでに書いた。時は戻らない。旅人は、たとえ何年か後に同じ道を歩いたとしても、それはそれで違う旅。川の水も、同じように流れているように見えるけれど、流れている水に同じものなど一滴もない。それに、山形の鶴岡、象潟《きさかた》を見たあたりで奥への旅を終えたとしても、奥の細道は、十分成立するようにも思える。

ここで旅を終えたとして、それからどうするのか？

当然、この村人の一人として生きることになる。そんなことがこの私にできるのか、どうか。私が桃妖《とうよう》と名付けた、若くして宿の主人をしている泉屋の久米之助の世話になり続けるわけにもいかない。病さえ抱えたこの身でいまさら樵《きこり》ができるわけもない。この地で盛んな漆の技を得るにも、先ずは誰かに弟子入りすることが必要だろう。遠い昔に捨ててきた百姓を、ここでもう一度やるのも悪くはないかもしれないが、その時、これまで生きてきた俳諧の連歌のことは、世話になった門人たちのことは、蕉風と人から呼ばれる作風を、句の新たなありようを示そうとしてきた芭蕉のことはどうするのか？

芭蕉とはなんなのか？

そのことをずっと考えてきた。もう一人の私の問いに対して私はそう答えざるを得なかった。とりわけ桃青と名乗った頃から、そして芭蕉と呼ばれるようになってからは、なおさらそのことを深く考えるようになった。答えはまだない。得ることのできる答えなどないとも思える。なぜなら芭蕉とは、あえて言えば俳諧師として前を向いて生きていこうとする私の姿勢そのもの、あるいはそんな私の視線の先にある何かのような気がするから……

伊賀の地で私は、名字帯刀は許されても禄《ろく》を食《は》む武士ではない一介の百姓の子として生まれた。徳川幕府の世になって、権現様はたちまち戦《いくさ》のない国、戦を起こしようがない国を創り上げた。そうなればもちろん戦のための武士はいらなくなる。多くの藩主が石高を決められ、藩主は家来たちの禄高《ろくだか》を決めたが、もちろん総額が決まっている以上、禄で生きられる人数には限りがある。

そうして私の家のように、多くの武士が武士の身分のまま百姓になった。名字帯刀を許されたことを果たして名誉と思って有り難がるべきなのかどうか。それは現実的には、普段は百姓をして生きよ、しかし万が一の事態には武士として馳せ参じろということにほかならない。その時に駆けつけなければ、名簿からもこの世からも抹殺される、その程度の身分なのだろう。

兄弟で分け合うことなどできるはずもない小さな田畑は兄が継いだ。十二歳の時に父が亡くなり、流行りの俳諧というものに興味を持ち始めた、兄の影響もあっただろう、あるいは、この世の現実から少し距離を置きたいという心情がどこかにあったのかもしれない。

十八の頃、つまりは、いよいよ自分の食い扶持を自分でなんとかしなくてはいけなくなった頃に藤堂藩の嫡子、良忠さまの賄《まかな》いなどのお世話をする役を得た。蟬吟《せみぎん》という俳号を持つ良忠さまとの縁がなければ、今の芭蕉はなかっただろう。

ただその頃はそれより、そこで蟬吟さまのお相手などをしながら、ちゃんと勤め上げれば、もしかしたらそのうちに藩お抱えの、ちょっとは武士らしい暮らしをすることも夢ではないかもしれないと考えていたように思う。

けれど、数年後の良忠さまの死によって、それが夢のままであっさり消えてしまった。ただ、その事があったからこそ、全てを捨てて俳諧の道に進むことを決意する事ができたのかもしれない。

とはいうものの、その決意も、三十も間近の、もう決して若くはない歳になってしまってからのこと。やっていたことといえば、伊賀の田舎で知り合いと共に歌仙を巻いたり、たまに句を撰集に載せてもらって俳諧師の端くれのような気持ちを味わっていただけのこと。

ただ、発起して、三十の句を集めた、貝おほひ、を天満宮に奉納してからはさすがに心も定まった。その頃には、それなりの自負のようなものも持ち始めてはいた。私の特徴は音と、ある種の破調。言葉の組み合わせ方が面白いと、人に言われ、自分でもそう思い、それをあえて誇張して褒められもしたが、ただ私の句はもしかしたら、古典の素養の乏しさが、逆に幸いしただけのことだったかもしれない。ただ、音に関しては、もしかしたら天性の感覚のようなものがあったかもしれない。

ともあれ、句集の奉納を機に思い切って江戸に向かった。もちろん新参者として、あちらこちらに積極的に顔も出し、連歌の会も重ねた。私としてはそれなりに努力もした。当たり前だ。士農工商の身分が定まっている世の中でそれ以外のことをして生きるのは至難の技だ。宗房を名乗っていた俳号も、江戸に出てから、武士のような音の響きが気になって、というよりなんとなく粋《いき》から外れている気もして桃青に変えた。

もちろん俳号を変えたからといって、それで生きて行けるようになるわけもない。下っ端の官吏のような真似もした。とはいうものの、次第に俳諧の世界で名が知られるようにもなり、いつしか宗匠《そうしょう》と呼ばれるようにもなった。

けれど、宗匠とはなんなのだろう。俳諧の連歌が好きな人たちの世界で、それなりにお呼びが掛かるようになり、その世界で名を成した人のお墨付きをもらい、蕎麦屋が暖簾《のれん》分けでもするかのように、宗匠を名乗っても良いと言われて、いつの間にやら門人が集まる。宗匠は、連歌の席で句を直したりなどして、あるいは門人の句を、こうしてみてはどうかなどと直したりなどして点料をもらう。そうして宗匠として生きていく。

ただ、私はその習慣にどうしても馴染めなかった。もちろん連歌の席などで、誰かが付けた句を、こうした方が良いのではないかと手を加えて喜ばれる事はある。自分の句集を携えてきた人に、感想や、成された句と趣旨は同じでも異なるアプローチのありようを示して見せることもある。

だからといって、それでお金をもらうのは心のどこかが落ち着かない、居心地が悪い。私は俳諧の道を自ら歩む者であって、道場や寺子屋の師範ではない。同じ道を歩むもの同士が感想や意見を言い合うのは当然であって、常に私の方が優れているとも限らない。だから私は、いつの頃からか点料をもらわないことにした。

では、俳諧で生きて行くどんな算段があったのか？

それがわからなかった。身分のある者は、それに依って生きる。武士は今や以前のように戦う武士ではないけれど、武芸を背景に、あるいは血筋を背景に、世を回す何がしかの仕事をすることによって禄を食《は》む。

百姓は人が食べられるものをつくり、自らが食べ、米をお上に納めて生きる。人は食べなければ生きていけない以上、それがなくてはならない仕事だということはよくわかる。漁師も同じだ。

工《たくみ》もまた、鎌をつくったり家を建てたり着物をつくるなど、人々の日々の暮らしに必要なものをつくり、それを売って生きる。また商人がいなければ、つくられた物も米も魚も人の手に渡らない。どれもみんな人が生きていくのに必要な仕事、それに携わっている。

その意味では農工商さえあれば、武士がいなくても誰も困らないようにも思える。ただそうはいっても、大勢の人が集まって暮らす世の中が丸く収まって回るには、それなりの決まりがいる。それを徹底させ、破ったものを取り締まり、あるいは罰する必要も出てくる。そうした仕組みに信頼性がなければ世は乱れる。

権現様は世を回す仕組みを武の強弱から決め事の厳守に変えた。つまり徳川幕府は、それまでばらばらだった決まりを、ある程度の裁量を藩に与えつつも全土にわたって一律なものとして統一した。そして基本的な決まりをつくるのは幕府だけだとした。

確かに決まりをつくり、それを世に行き渡らせるのも重要な仕事ではあるだろう。それを今は武士から武を取った士が担っている。ただ、戦がない以上、それはすでに国という仕組みを動かす官吏のようなものだ。

神社やお寺のように士農工商に納まらない身分もあるが、神主や住職の多くは身内や親戚などへの世襲だ。そうでない者が出家して仏門に入るという方法もあるにはあるが、僧になれば読経や座禅など、さらには冠婚葬祭などの、人々の暮らしにとって大切な儀式を執り行う役目もある。

西行法師のように出家されたお方もいるが、あの方はもともと、帝の御所をお護りする北面の武士という、武士の中でも高貴な身分に就いていた。同じ歳で同じ北面の武士だった平清盛は武を極めた末に太政大臣にまでなり、かたや西行法師は和歌を極めたが、どちらにしても、私のようなものとは出自《しゅつじ》が違う。もともと禄も財産も持たぬものが、もっぱら俳諧をして生きていくには、やはり名を高めて門人を得て点料を取るしかないのだろうか？

ところで俳諧とはお前にとってなんなのか？

それが知りたくてここまで来た。初めて俳諧の連歌の会を見たとき、全身の血が生き返るような喜びを覚えた。自分が自分ではなくなったような気がした。このような席に呼ばれる人になりたい、そこに私が居ることで流れや華やかさを変える働きができるような存在になりたい。私が俳諧と共に生きたいと思うようになったのは、そのようなことがあったからだ。

私はもともと自分を凡庸な人間だと思っていた。けれど俳諧を始めてからは、連歌の席で私が読む句を面白いと言ってくれる人がいたりもして、そう言われて嬉しくないはずがない。褒められた趣向に努めて傾いてみたりもした。私の言葉の選び方に興があると言ってくれた人もいた。考えてみれば、そこで私が自ら頼りにしたのは、自分の内にあるように思える身体的な音の感覚だった。

かといって、自分に才気があると思っていたわけではない。何しろ広い世間のことも、和歌の歴史も唐の詩文のことも何も知らなかった。それでも、音と場の気配を頼りに詠める俳諧の連歌の世界には、自分の居場所があると思えた。だから江戸に出た。

俳諧には、人の心身と響き合う何かがあるように思えた。五つの音、七つの音、そして五つの音。たった十七の音のつながりが、ときめきを感じさせることがある。その流れを面白いと感じることがある。音と言葉の意味との組み合わせに洒落た巧みさや華を感じることがある。連歌の調べや流れを壊すような、普通ならあり得ない意味や音のつながりを持つ句が、全体をなぜか飛躍させることもある。人が為すことなのに誰のものでもない、あえて言えば、連歌の座のどこか上の方から、天空から何かが舞い降りてきたような感覚に酔うこともある。

　こんな不思議で楽しくそして奥深い遊びはない。だから連歌を好む人たちが、京にも大阪にも江戸にも、それどころか国のあちらこちらにいる。だから何かにつけて連歌を好む者たちが集い、興じ、笑い、楽しみ、そして宗匠に教えを乞いながら、言葉のわずかな変化による妙を味わうなどして、来た時よりも賢くなったような気持ちになったり、あるいは今度こそなんとか私が、と自らに言い聞かせたりなどして家に帰る。

　だから宗匠と呼ばれる存在には、宗匠ならではの役割がある。そうである以上、点料をもらうことは当然だとも言える。宗匠あってこその連歌の楽しみ、と言えなくもないからだ。

　そういうことがあったからだろう、俳諧の連歌を重ねるうちに、いつの間にか私を宗匠と慕い門下と言ってくれる人たちも増え、杉風《さんぷう》に至っては、私が住む庵《いおり》まで工面してくれた。その庵に植えるようにと芭蕉の株を持ってきてくれた者もいて、それがいつしか葉を大きく茂らせ、皆が庵を芭蕉庵と呼ぶようにもなった。

　彼らと歌仙を巻くのは楽しい。彼らも喜んでくれるばかりか、何かと世話もしてくれる。そのつながりの真ん中に俳諧がある。つまり俳諧は、私が生きていく上で、無くては生きていけない大地のようなもの。

ただ私はある時から俳諧の連歌の発句、というより五音、七音、五音の組み合わせによる端的な句の不思議さ、その後の付句から連なる連歌の最初の句という位置付けを持たない、それだけで独立した句のありように心を惹かれるようになった。

俳諧の連歌は楽しいが、それは日々の暮らしを離れたひと時の座興だとも言える。もちろん座興ならではの良さもある。連歌は何人かの人が時を選んで何処かに集まって行うものだけに、その場限りの組み合わせの妙があり、そこでこそ表れる、参加者それぞれの気質や本性のようなものが垣間見られて面白いし、その場限りの真剣勝負のような緊張感もあり、宗匠として自分が、流れをあえて転じたり、飛躍させてみたりするのも面白い。

けれど、それは突き詰めればやはり座興。そのなかの句も、全体のなかの、他の句とその流れとの関係において意味を持つ一句。そうではなく、発句の五七五の一句だけで成立する、それだけで自立する句はありえないのか、そう考え始めたのは、あれはいつの頃からだったか……

和歌にはそういう歌がたくさんある、というより、そうして一首だけで成立するのが和歌だとも言える。ただ和歌には七音七音の句よりも多い十四音がある。そこではたとえば枕詞《まくらことば》に最初の五音をつかうこともできる。枕詞は、多くの歌に詠み込まれることによって、それ自体がその言葉ならではの独特の意味、あるいはその後に続く歌の背景のような情感をもたらすことができる。

また和歌では本歌取りのような、音の数の多さ故にできることがある。それもまた過去に詠まれた歌と連動させることによって、歌が表そうとする情感や情景を際立たせたり、歌を成立させる時空間を広げたりできる。

けれどその面白みや深みは、古今の和歌のことをよく知る者ならではの冥利《みょうり》。それを知らなければわからぬことも多い。身近に歴代の勅撰和歌集などの写本があるような恵まれた境遇にあって、自ずと多くの歌に接することができれば、また、そうする時間の余裕もあるような人には実に奥深い世界だが、しかし自分のような一介の百姓で、簡単には古典に接することなどできず、就《つ》いて学ぶべき師にも苦労するような者にとっては、どこか敷居が高い。

俳諧は違う。十四音を捨てることによって逆に、誰もが音の響きの良さや、意外な組み合わせや思い付きなどを反射的に吟じて座の中で興じることができる。五七五の音は、この国に生きる者の心身に、何千年何万年もの歳月をかけて深く染み込んだ命の調べ。心身に心地よい鼓動と、それを育んできたこの国の風土、悠久の四季と人の営みとを呼応させれば自ずと生まれる。

だからなんとかこの五七五の音によって、誰の心身にも染み入り、脈々と流れている情感と呼応させる句を詠むことはできないか。つまり枕詞や本歌取りの代わりに、この国に生きる普通の人の内にある心身の響きや想いや自然の綾《あや》などと共鳴させることで、美や永遠と向かい合う感覚を呼び覚ますことはできないか。そのことによって一瞬、生き返ったような気持ちになるような、一句のみで成立する句というものがあり得ないか、そういう気持ちが自分の中で次第に強くなってきたように思える。

たとえば、お前はどんな句がその企てに近いと考えているのか?

古池や蛙飛び込む水の音。これは、この国に暮らす者なら誰もが良く知る要素だけでできていて、そしてそれだけで自立している、と私は思う。古池ならどこにもあるし、それがどのような池なのかは、とりあえずどうでも良い。この句を聞く人、あるいは書かれた句を読む人が、それぞれ想像すればそれでいい。ただ、古池や、とあるので、そこが何かが起きる場所のようだということはなんとなく感じる。次に来る蛙も、好き嫌いは別にして誰にも親しみのある身近な小動物。季節になれば稲田からは蛙の大合唱が聞こえる。あるいは草むらから一匹の蛙の声が聞こえてくることもあるだろう。どちらにしても、脳裏に浮かぶのは古池にいる蛙というひとつの静的な場面。

その蛙が大きいのか小さいのかも受け手の自由。そこに蛙がどのようにしているのかもここでは表す必要はない。大切なのは、なんとなくじっとしていると思えるその蛙がいきなり、飛び込む、という跳躍の動作に移ること。蛙は歩く姿はなんだかもたもたしているけれど、たまに驚くような跳躍をみせる。一瞬のあいだ宙に浮かんで、そして水の上に落ちる。水音がする。水の波紋も眼に浮かぶ。

つまりこの句では、蛙の表情も色も姿も古池との関係も意味も、水に飛び込んだときの音の大きさも響きも、さして重要ではなく、というよりそれらは全て受け手の想像のなかにあって、大切なのは、一匹の蛙が水に飛び込む跳躍が結果として起こす水音と、広がりそして消えていく波紋、そして余韻。そこに何を感じるかも自由、けれど、この句に接する人は、おそらく一瞬、自分がその場面に立ち会ったかのような感覚を持つはず。

そのように、たとえなんの知識も持たなくても、五七五の一句によって、読む人あるいは聞く人に、なんらかの確かさを伴った詩的な情動を呼び起こすこと、そのようなことを、独立した一句の内に実現することができないか。それが私の中で次第に姿を現してきた、私にとっての句。

それに私が尊敬する西行法師の歌は誰にとってもわかりやすい。和歌の王道を踏まえてはいるけれど、そこには和歌の約束事や、過去の名歌など知らなくても、この国の人なら誰もが持つ心情のようなものと通じ合う何かがある。それも私が句を一句だけで成立させることができると感じる大きな理由。

それともうひとつ、西行法師への憧れもあるけれど、いつの頃からか私にとって旅が、句を詠むにあたっての極めて重要な舞台になった。どうやら理由は二つある。一つは、見知らぬ景色、見知らぬ人、日常とは異なる時空のなかに身を置いて、それに対して私の心身を反応させるようにして句を詠むこと。そこでは自ずと、江戸で門人たちに囲まれて巻く連歌とは、あるいは住みなれた庵の時空のなかで詠むのとは違う句ができるはず。旅は常に一期一会の真剣勝負。

もう一つは、例えば旅日記のような形にして、句を詠むに至る背景や動機などを句と共に記せば、それを読む人にとってはよりわかりやすく、句にも奥行きが生まれる。

奥の細道の旅に出る前に、私は芭蕉庵を人に譲り、とりあえず杉風が持っていた庵に移り、これから書き連ねる書物の巻頭に、旅立つ前の心境を記すと共に、書に記す最初の句として、草の戸も住み替る代ぞ雛《ひな》の家、の句を置いた。つまりこの句は奥の細道という書物の、全体の発句のようなものだとも言えるが、同時に、私がこの旅で、新たな作風を見つけたい、もう、そうすべき頃だと自らに言い聞かせるつもりもあった。

そしてそれに続く、旅立つ私を見送ってくれた人々との別れの場面を記し、そこに、行く春や鳥啼き魚の目は涙、の句を置いた。いかにも大仰なこの句は、しかし、宗匠という場所に私を導いてくれたかつての私の趣向と技を駆使した作風を受け継いでいて、その作風を好んでくれた門人たちへのお礼の気持ちと、そのような作風への別れを込めた句でもあった。

このように旅の場面の連なりと、そのなかで詠んだ句を組み合わせれば、読む人は旅を追体験することができるだろうし、私の句のつくり方を知ることもできる。そしてそれを書物の形にして残せば、場合によっては私の作風を、遠い先の世の人々もうかがい知ることができる。

連歌はその時々の座興で、もちろんそれを書き記したものがあれば、その場でしか成し得なかった興のようなものをそこに表すことができるだろうけれども、しかし一人の人間が旅をして一人で詠んだ句を書き記した書物には、それとは自ずと異なる物語性を付与することができる。

二つ年上の、かつて華やかな作風を競い合った井原西鶴は、好色一代男という浮世草子を出版して、このところ大いに人気を集め、随分売れてもいるらしい。西鶴は、門人との関係によって成立してきた宗匠という生き方を捨てて、物語本を売って生きる道を歩み始めたように見える。

そのことは私が旅を舞台にし始めたことと少なからず関係している。この国では、俳諧のみならず、歌謡でも踊りでも茶でも、資産や身分があれば別だが、芸のみを以って生きようとすれば、師匠と弟子の関係をつくり、芸を教えることで生きるという手段を取らざるを得ない。

俳諧師が点料で生きるのと同じだ。けれど私がもし、旅句集を売って生きていければ点料を取る必要はない。俳諧の連歌は興が乗った時にやればいい、あとは旅をして自分が求める句をつくればいい。それを本にすればいい。そんな生き方がもしできたら…… どこかでそう思いながら、雨をしのぐ笠を庵の屋根に見立てて旅をしてきた。

そして今回の奥への旅。この旅のなかでも様々な句をつくってきた。自分が求めた域に達することができたかどうかはわからない。あと一歩のような気もする。けれどたとえば、閑《しず》かさや岩にしみ入る蝉の声。この句はいかにも芭蕉らしい、と思える。さりげなくわかりやすいけれど奥行きと広がりと臨場感がある、あるいは通常の視点とは異なる位相に、人の心を転位させる健やかな力のようなものがある、つまり独特の技巧の働きがあるけれども不自然ではない。

ところで俳諧は、これからも必要なものなのか？

そう思いたい。和歌も古《いにしえ》の昔から歌われてきた。この国の人たちはなぜ和歌を大切にしてきたのか。そこに秘密があるように思える。この国の民の心身に染みた音の心地よい響きや調べと共にある和歌。俳諧にも同じ命が流れている。それをもっとわかりやすくつくりやすくした俳諧には、だから、これからもっと多くの人が親しく触れ合えるはずだと信じる。

それが何の役に立つのかと問われれば、それによって人がもっと人らしくなれるからだと答えるしかない。人が生きていくためには食べるものが必要。寒さをしのぐ着物も必要。もちろん雨風をしのぎ心安く眠るための家も必要。それらを作る道具やそれをつくる知恵も必要。けれど人は衣食住が足りてもなお、それだけでは満足できない。

人は美味しく食べるために漆器や陶器を用いそれに意匠を施し、食材が美しく見える調理や盛り付けにも工夫を凝らす。食べることだけが目的なら、そんなことはしない。着物にもさまざまな柄があり織り方があり染め方がある。普段着はともかく、美しく着て、それを見られてこその着物。細い糸も太い糸も、薄い生地もしっかりとした帯も、人々は着るものに関してもあらゆる工夫を凝らしてきた。

建物はもちろん趣向のかたまり。大きな家も小さな家も立派な神社や寺もあるけれど、どれにもそれらしい意匠を凝らす。もし和歌や俳諧など必要ないという者がいたら、では、人々が営々と育んできたこうしたことの一切が必要ないと言うのかと返したい。

人は命を宿すものとして生きるために生きてきた。けれど同時に美を求めて生きることで人の心を育んできた。歌も踊りも絵も髪飾りも紅も鼻緒もない暮らし、それはもう人の暮らしではない。美は衣食住が足りてはじめて求めるようなものではない。人はどんな状況にあっても、そこでそれなりの美しさを求める。

だから、士農工商の身分、出家や隠居などの世捨て人に加えて、たとえば織田信長が千利休を茶堂《さどう》という身分を与えて召抱えたように、歌であれ踊りであれ俳諧であれ、懸命に美を求め美を広めようとする者にも、それにふさわしい身分があって良いのではないか、と私は思う。

武士という身分があるのだから、たとえば、美士《びし》という身分があっても良いのではないか。民を護るために命を賭して戦うのが武士だとして、命を賭して美を求め、美を拓く闘いに専心するのが美士。

それというのも、たとえば俳諧でも、人受けのする句や流行《はやり》の句というのがある。大向こうを唸らせるような句もあれば、思わず笑わずにいられないような句もある。宗匠にも色々ある。優しかったり厳しかったり、流行に流れる宗匠もいれば、頑なに自分の作風を守る宗匠も、私のように緩やかに作風を変え続ける者もいる。

しかし大切なのは、和歌と同じように、句にも良し悪しがあるということだ。多くの人々に好まれる句が必ずしも優れた句だとは限らない。同じように、通好みの句が良いというわけでもなければ、優れた句や新しい可能性を開く句が多くの人に受け入れられるとも限らない。もちろん、広く受け入れられる句が悪いわけでもなく、識者が褒める句が優れているとも限らない。ただ、一般に人は、すでに知っていること、評価が高いとされていることに親しみを感じやすく、あるいは受け入れやすく、また世間的な評価や地位が高い人の意見や権威付けされたものをありがたがる。

だから分かりやすくて面白く、そして気の利いた流行りの句を詠む宗匠は門人を得やすく、ちゃんと点料なども取れれば、それらしく暮らしていけるだろう。問題は、句の良し悪しを判断する基準のようなものがないということだ。

和歌のように、天皇が編纂を命じた勅撰和歌集のような、その時代の秀歌の集大成のようなものがあれば比較的わかりやすい。それらは誰もが認める優れた歌人が選者となって議論を重ねて選んでいて、どのような歌が良い歌かは、そのような歌集を学ぶことによってある程度は知ることができる。

しかし俳諧にはまだそれと比べられるような古典も制度も歴史もない。私のように、発句を自立した句としようとする新たな試みを評価する宗匠がそれほどいるわけでもない。つまり私はその道をようやく歩み始めた未だ飛べない雛のようなもので、これから先、そのような句が広く受け入れられるかどうかもわからない。

さらに私は、句をつくり続けるなかで、さらりとしていて、見かけは自然で平易だけれど、どこか心に残るような句を次第に求め始めている。この旅のなかで、ますますそう思うようになった。しかしそのような句は衆目を惹きにくい。どこがいいのか理解されないことさえある。

だとしたら私のように、ごく自然だけれど目や心や耳が一瞬はっとするような何かを秘めた句を追求する者は、今をどうやって生きていけば良いのだろう。近年の私のように、ほとんど自分自身との対話を続けながら、道なき道を手探りで進んでいるような、そのような芭蕉の評価は、もしかしたら来世に託すしかないのだろうか、あるいは私が死ねばやがて消えていくしかないものなのだろうか……

けれど、この奥への旅も、ようやく奥羽山脈を越え、山形の地に入って清風《せいふう》に会い、連歌を巻いたりなどして、酒田から最上川を下ろうと思って大石田というところに立ち寄り、そこで、五月雨《さみだれ》をあつめてはやし最上川、という句を詠んだ。

不思議なことに、奥の地でありながらあの辺りには、俳諧を嗜《たしな》む人が多く、大石田では、私がこれまでの旅を句と共に書き記していることを知った土地の人が、このような場所にも、むかし撒かれた俳諧の種が芽を出し花を咲かせていることを知って欲しく、また月日を経ていつの日か俳諧の道を志す者が、古い俳諧と新しい俳諧との狭間で道に迷った時などの道しるべとしたいので、ぜひその書物の写しをこの地に残して下さい、と言われて、この句と共にそれまでの写本を残してきたのは、そのことがまさに、奥の細道をつくる動機と深く重なり合っていると感じたからにほかならない。

つまり私は、その時点で、この旅の本意を遂げたような気持ちになった。詠むべき句も、それなりに成したとも思えたからこそ写本を残した。あの人たちはあの写本を大切にするだろう。そしてそれを成した芭蕉という一人の旅人のことを、久しく語り継ぐだろう。考えてみれば大河も、一粒ひとつぶの雨の集まり。

酒田から急ぎ足で加賀の地を目指したが、そうして着いた金沢の地では、驚いたことに俳諧の連歌が、人々の暮らしのなかにあたりまえのように根付いていた。俳諧を愛する者が多く、しかもみな楽しく達者に句を詠んだ。俳諧ばかりではない。金沢では茶や香を嗜む者も多く、謡《うたい》や能も盛んで、それらが日々の暮らしのなかに溶け込んでいた。つまりは美が生活の中に自然にあって、美しい漆器や焼き物や細工物が、ごく普通の人の家にもあり、それらを観る目も多様で豊かだった。

金沢では随分歌仙を巻いた。秋涼し手毎《てごと》にむけや瓜茄子《なすび》、という句も詠んだ。金沢では俳諧は、加賀の地の新鮮な野菜や魚と同じように好まれていて、連歌の座も気取ったところのない、実に和気《わき》藹々《あいあい》としたものだった。しかも金沢では、北枝《ほくし》という刀研ぎを生業にする者が兄とともに、ぜひとも私の門下生になりたいと言い、北枝は金沢から小松、那谷寺、山中へと、加賀の地をめぐる道行に、仕事もせずにずっと同行してくれ、この地の説明などをしてくれている。

そして加賀の西端の山中《やまなか》、温泉《いでゆ》と九谷焼と漆器の郷《さと》。ここで私はこの地の旅の宿、泉屋の世話になっている。宿の主人は若くして家督を継いだ久米之助という者だが、まだ十四歳の、少年といっても良いほどの歳でありながら、すでに俳諧の素養も高く、感受性にも豊かな可能性が感じられる実にしっかりとした若者。私を師と仰いで慕ってくれ、いつまでもこの宿にお泊りください、と真心を込めて言ってくれるので、ついつい長逗留をしてしまっている。

深い森から流れる清らかな水が水しぶきをあげて流れる鶴仙渓《かくせんけい》と共にある山中には、体に優しい湯が豊かに溢れ、村の中心にある総湯には、村人はもちろん、方々からやってきた湯治客が湯で心と体を癒し、百姓も漆職人も武士も商人も一緒に湯に入りゆっくりと裸で語らう。そこには身分の垣根などない。

緑の山を背にして海にも近く、豊かに広がる里に接したこの地では、海山里の幸が豊富で、しかも滋味豊かな食を手の込んだ漆器や九谷焼の器に入れて愛でるようにしていただく。あまりの居心地の良さに長居をし、時と場所を慈《いつく》しむようにして、北枝らと共にいくつも歌仙を巻いた。

そんななかで、俳諧とは何か、何を大切にすれば良いかなど、熱心に問いを重ねる北枝や、かつて桃青と名乗った私の俳号の一字を取って私が桃妖と名付けた久米之助に向かって私の考えや想いを伝え、北枝はそれを、山中問答《やまなかもんどう》、として書き留めた。

その中で私は不易流行《ふえきりゅうこう》という言葉を、私の理想の心得として述べた。山中を取り巻く悠久の自然のように、変わることなく生き続け、在り続けるものこそ美しい、けれど自然はまた、ずっと変わらずにあるように見えても、実は四季の移り変わりに応じて、あるいは陽の光や風の流れなどに応じて、鶴仙渓の水の流れに同じ光景がないように、昨日と今日とで足元の草の花の色の鮮やかさが違うように、全ては日々刻々と姿を変える。

人と俳諧、人と人、人と命、人と自然、人と永遠、人と美との関係もまた同じ。ふと目にした光景に永遠を視る、月に人の想いを映す。心に触れるふとした仕草……

そんなことを話したりなどしているうちに、ふと、ではこのままここに居続けることにしてはどうか、と私の内から私に囁く声を聞いたような気がした。そんな声が一日、もう一日と聞こえ、それに対して、それも良いかもしれない、と応えようとしている私が居た。

この地に留まり続けて動こうとしない私に愛想を尽かしたのか、曽良《そら》が、行き行きてたふれ伏すとも萩の原、という、まるで旅のはじめの、旅路で死ねれば本望と記した私の覚悟を思い起こさせようとするかのような句と私を残して山中を去って先を目指した。

＊

曽良を追って旅を続けるか、それとも、と迷い続ける芭蕉の心に一つの突拍子もない夢想《ヴィジョン》が浮かんだ。それはこの手頃な大きさの温泉《いでゆ》の郷、自らが桃源郷と見立てた山中の地なら、美士《びし》、として生きることが、もしかしたらできるのではないかという夢想だった。

豊かな自然の中で、それほど豊かではないけれど決して貧しくはない日々のなかで桃妖のような若者が育つ場所。工芸を奨励した加賀藩の分家、大聖寺《だいしょうじ》藩のお膝元で、北前船の船主からも贔屓《ひいき》にされ、金沢と同じように美を慈しむ心と、美と触れ合う習慣が暮らしに根付いている場所。

螺鈿《らでん》などのさまざまな手法を凝らした漆器、一つとして同じもののない木目を生かした山中塗や、美しく彩られた九谷焼に当たり前のように親しむ人々。和紙も絹もあり、湯治に訪れる旅人とも語り合え、さらにはあの戦乱の時代に百年もの間、武士による支配を排して、百姓自らが自らの土地を治め、物事を寄り合いで全員一致で決めてきた歴史を持つ加賀の地。

ここでもし山中の衆が、合議の末、芭蕉を山中の美士という身分を持つものとする、と決したならば、そしてその者のために庵をつくり、食い扶持に関しては村が全体で工面する。美士は、美とは何か、俳諧とは何かを自らが追求し、求められれば村人や子どもに美や句のありようを教え、村全体の美意識を、美を見る目を、美の本質や句を詠むことの本意を伝え育むことに専念する。

そうすれば、おそらく山中の工芸の質も自ずと向上する。もちろん金沢や京や大坂や江戸の俳諧師たちに伍《ご》して歌仙も巻ける、それどころか、俳諧の、あるいは美の新たなありようを切り拓き広める若者を、やがて輩出する村となるかもしれない。

そうして山中は、この国でたったひとつの、民が美士を養い、美士が心置きなく美を求め広める美の郷となる。その面白さ健やかさが風に乗り、いつの間にか噂が方々に伝わって、そんな村が、あるいは町が、この国に一つ二つと増えていったなら、どんなに楽しいだろう。美士《びし》は何も俳人でなくとも、楽曲や絵や踊りに秀でた者であっても、もちろん良い……

けれど芭蕉はそのことを、北枝にも久米之助にも、自らの口からは言えなかった。もし彼らが、あるいは村人が、どうかいつまでもここに、と切り出してくれたなら、そのことを言葉にしてみよう、と心のなかでは思っていた。

けれど久米之助は、芭蕉翁にはこの旅を完結させる大切な仕事がある。それを自分たちのような者が妨げるわけにはいかない、とどうやら思っていて、久米之助は、お好きなだけここにいらしてください、としか言わなかった。そして北枝は、門人としてこの先どこまでもついて参ります、と言った。

こうして芭蕉は、曽良に遅れて山中を発った。加賀の西の端の大聖寺藩、城を持たず、越前からの防御の役割を担う幾つもの大きな寺が山の裾野に建ち並ぶ大聖寺から、旧友の等裁《とうさい》の住む福井、そして古くからの門人たちの待つ大垣に向かう旅を芭蕉は続けることにした。カナカナと一匹だけで鳴くひぐらし蝉の透き通った声が、山中の森の樹々の深い緑の奥へと木霊《こだま》するようにして響き、静かに消えた。

それでよかったのか？　という心の内からの声に、芭蕉は、どんな言葉もかえさなかった。

## この本について

生きていくなかで私たちは、多くのわかれみちに出会います。大きなわかれみち、小さなわかれみち。わかれみちはいたるところにあります。テレビのチャンネルを選ぶにせよ、勤める会社を選ぶにせよ、和食かイタリアンかで迷うにせよ、常に何かを選択しながら生きている私たちは、いつだってわかれみちに立っているとも言えます。迷うこともあれば、無意識のうちに次の一歩を踏み出すことも、一瞬のうちに判断をして前に進むこともあるでしょう。そうして選んだ結果の積み重ねが、私たちの人生を描きます。無数にありえたかもしれない可能性のなかで選びとられた、その人の人生を描く一筋の路。もちろん、あの時この路を選んで良かったと思えることもあれば、選ばなかった路の方が、もしかしたら良かったかもしれない、と後になって思うこともあるでしょう。だからといってその時点に戻って路を選び直すことなどできません。とはいえ、やり残したことがあるような気がして、過去に選ばなかった路の彼方に見えていた気がする景色に向かって、敢えて自らが新たなわかれみちをつくって歩き始めることもあるでしょう。

私たちの社会にも、同じようなことが言えます。社会は、たった一人で生きていけるほど強くはなく、かといって集団の中で他者と全く同じように生きていくことにも物足りなさを感じる私たちホモ・サピエンスが、弱者や子どもや老人などを含めた多様な存在と協働することによって、人として生き延びていくために創造した人為的な仕組みです。

しかもこの仕組みは言葉や図象や数字や音楽などと共に、人が人であるために編み出した極めて独創的な発明です。人は遺伝子的に見れば他の哺乳動物たちと、それほど大きな違いはありませんが、不思議なことに、食べて寝て命を繋いでいくという生き物としての大きな命題に加えて、美しいものを見たり手にしたい、感動を共有したい、知りたい、それらを他者に伝えたい、といった不思議な衝動、あるいは指向をなぜか過剰に持って地球上に生まれた動物です。それが音楽や物語や絵や踊りや料理やそのための道具や、それらを駆使した社会的な文化を生み出す原資になりました。つまり人は、命を受け継ぎつなぐのと同じように、文化を創り受け継ぎそれをさらに豊かにして次世代に渡すという命題と共に生きています。そしてそのことによって喜怒哀楽などの感情や想像力や共感力を豊かに養い、人間性を育んできました。つまり社会は、多様な人々が寄り集まり助け合い、力や知恵を集めて生きていくための仕組みであり場所であると同時に、文化を育む揺籠でもあります。

ところで私たちの社会は今、数百年に一度の大きなわかれみちに立っています、というより、これまで歩んできた路とは異なる方向に向かって路なき路を、まったく新たな社会のありようを想い描きながら歩む必要があるにも拘らず、世界全体がまだ、これまで歩んできた大きな路を、見え隠れする新たなわかれみちを無視して、あるいは見て見ないふりをしながら、どうやらますます困難な場所に向かって止まることなく突き進んでいます。

かつて地球上には、さまざまな社会とそのありようがありました。けれど象徴的には、二百数十年ほど前に産業革命が起こりフランス革命が起きてからは基本的に、国民を主権者とし、議会制民主主義によって国を運営する仕組みである国民国家と、大量生産大量消費によって経済規模の拡大を指向する産業化という二つのパワフルな社会的エンジンを稼働させる近代という時代が始まり、そこに情報化を指向する現代という時代が連結されて、経済規模と金融資本の無限拡大を求めて、どの国も社会も同じように爆走してきました。

私たちホモ・サピエンスが社会生活を行いはじめたのを仮に十万年前、近代の始まりを二百五十年前としますと、近代と現代を合わせた期間は、社会的営みの歴史の四百分の一の期間、十万年を一年とした場合、たった一日に満たない時間にすぎません。けれどその間に、私たちの社会は凄まじい勢いで変わり、近代社会を成り立たせている仕組みや方法そのものが、すでにさまざまな矛盾を露呈させて、仕組みとしての限界を超えてしまっています。

いよいよ本気で、近代や現代を超えて、人間性をより豊かに育む社会を再構築するにはどうすれば良いか、どのような理想《ヴィジョン》に向かって、どのようなわかれみちを新たに切り拓いて進めば良いかを、過去を振り返り、多くの歩まなかった路や見失った可能性を再検証し、また人間とは社会とは、そしてその豊かさや人の喜びとは何かを見つめ、あるべき新たな社会を一人ひとりが想い描いて、社会を再構築するべき時期に私たちは立っています。


さて、前置きが長くなってしまいましたけれども、この本は、過去の無数の人々の働きや、無数のわかれみちの選択や幾多の偶然を経て今に至っている、私たちの日本という社会の中で、私が大きなターニングポイントだったと考える時代や人を、ヴィジョンアーキテクトの目で見つめてみたものです。具体的には、そこで大きな働きをした人たちの夢想《ヴィジョン》や行動を凝視する内容になっています。

最初にナザレのイエスを置いたのは、一種の島国に住む私たちが思っている以上に、地球の上のさまざまな社会に住む人々は、はるか昔から互いに影響し合ってきたからです。キリスト教の影響は良くも悪くも絶大で、自由、平等、友愛の旗を掲げたフランス革命さえも、その影響を強く受けています。また、例えば絹の道《シルクロード》を行き来したのは、人や物だけではありません。憧れや美意識や夢や絶望や喜びや悲しみなどもまた、常に行き交いました。どの国もどんな社会も人も、この丸い地球の上で、時空を超えてつながり合っています。社会とは無数の個々人の想いと行動の集積体であるからです。

歩むことなく通り過ぎた無数のわかれみち、あるいは夢として想い描かれながらも、形を得ることのなかった幻の路。けれど、私たちの社会が辿らなかった路が、私たちが結果として歩んできた路より、劣っているという訳では決してありません。この本が、そんな多くのわかれみちや、これからのあるべき社会のありようを考える機会《ヒント》となれば幸いです。

たにぐち えりや

詩人、ヴィジョンアーキテクト。石川県加賀市出身、横浜国立大学工学部建築学科卒。中学時代から詩と哲学と絵画と建築とロックミュージックに強い関心を抱く。1976年にスペインに移住。バルセロナとイビサ島に居住し多くの文化人たちと親交を深める。帰国後ヴィジョンアーキテクトとしてエポックメイキングな建築空間創造や、ヴィジョナリープロジェクト創造&ディレクションを行うとともに、言語空間創造として多数の著書を執筆。音羽信という名のシンガーソングライターでもある。主な著書に『画集ギュスターヴ・ドレ』(講談社)、『1900年の女神たち』(小学館)、『ドレの神曲』『ドレの旧約聖書』『ドレの失楽園』『ドレのドン・キホーテ』『ドレの昔話』(以上、宝島社)、『鳥たちの夜』『鏡の向こうのつづれ織り』『空間構想事始』(以上、エスプレ)、『イビサ島のネコ』『天才たちのスペイン』『旧約聖書の世界』『視覚表現史に革命を起こした天才ゴヤの版画集1〜4集』『愛歌(音羽信)』『随想 奥の細道』『リカルド・ボフィル作品と思想』『理念から未来像へ』『異説ガルガンチュア物語』『いまここで』『メモリア少年時代』『島へ』『夢のつづき』『夢のなかで』『ヴィジョンアーキテクトという仕事』『ギュスターヴ・ドレとの対話』『ジャック・カロを知っていますか?』(以上、未知谷)など。翻訳書に『プラテーロと私抄』(ファン・ラモン・ヒメネス著、未知谷)。主な建築空間創造に《東京銀座資生堂ビル》《ラゾーナ川崎プラザ》《レストラン ikra》《軽井沢の家》などがある。

わかれみち

ヴィジョンアーキテクトが見つめた歴史

2023年10月30日初版印刷
2023年11月10日初版発行

著者　谷口江里也
発行者　飯島徹
発行所　未知谷
東京都千代田区神田猿楽町 2 丁目 5-9　〒 101-0064
Tel. 03-5281-3751 / Fax. 03-5281-3752
［振替］ 00130-4-653627

組版　柏木薫
印刷所　モリモト印刷
製本所　牧製本

Publisher Michitani Co, Ltd., Tokyo
Printed in Japan
ISBN 978-4-89642-700-4　C0095

## —— 谷口江里也の仕事 ——

### ヴィジョンアーキテクトという仕事

Vision = 未来像
Architect = 建築家
世の中の社会的文化的なこと
すべてのことに始まりがあり
およそ個人の思付きに発する
未来を夢見れば構想が生まれ
賛同者の協働で現実化される
それら諸々が集積され豊かな
文化として受け継がれて来た
豊かさは多様な個性に育まれ
人の工夫と献身とが裏付ける
これを好む人間の特性こそが
未来を豊かにする資本となる

978-4-89642-636-6
192頁本体2000円

### イビサ島のネコ

既存の価値観にすり寄っては生きられない
だが、何を恃みに生きるべきか分からない
つまり、生きている世界がしっくりこない
折から美しい旋律に乗った♪バルセローナ

青年はスペインへ、イビサ島に移り住んだ
誰もがそこを自分のための場所だと思える
地中海に浮かぶ地上の楽園、そこイビサで
著者はさまざまなネコに出会うことになる

島は田舎なのに風俗がとんがっていて
奇妙な人間たちが世界中からやって来る
人がその人らしく生きられる自由都市イビサ
世界中から集まる奇人とネコそれぞれの物語
全28話　本文中線画も著者による

978-4-89642-491-1
240頁本体2400円

未知谷

―― 谷口江里也の仕事 ――

## 島へ

まとまった仕事を終えた青年は大きく息を吸って空を見上げた。限りなく青い空、暑くも冷たくもない風が吹く。そうだ！　船に乗って島へ行こう。無の空間、修学院離宮、海辺の食堂、永遠とも思える一瞬を描き切る連作短篇。全15篇。

978-4-89642-620-5
176頁本体1800円

## 夢のつづき

カタルニア、アンダルシア、イビサ島、バリ島、マドリッド、バルセロナ、ストラスブール、サンパウロ……
＝＝＝＝＝
カタルニアの廃墟のようだった街を、フィレンツェ出身の友人マダムエルサが街ごと買って修復した。建築家たちも喜んで手を貸し、その街の住居を借りている……、各々の街で体験した夢のような話。自由の風が吹き抜ける12篇。

978-4-89642-633-5
160頁本体1600円

## 夢のなかで

入江に向かって船が来る。私の足は砂地から離れない。カニは動いている、集っている。私は考えることもできる。赤い月も位置を変えた。カニのハサミが動き出す。招くように…現実と空想が混合する、胡蝶の夢かと紛う15篇。

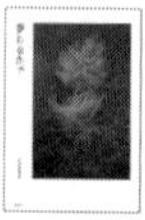

978-4-89642-660-1
168頁本体1600円

未知谷

## ── 谷口江里也の仕事 ──

# メモリア少年時代

はるかな少年時代……、そこここに点在するたくさんの記憶。泥田に落とした玩具の刀を探してくれた通りすがりのお姉さん。隻腕の同級生──鉄棒を笑顔であきらめた校庭の青空。ボクだけの虫捕りの宝庫だった山が造成で消えた日。どうしてもむやみな挨拶を口に出せなかった自分。今から思えば、どれもが素晴らしかった瞬間。蓄積された記憶こそ、現在の自分自身。この感動こそ、かけがえのない道標──。全24篇。

978-4-89642-617-5
160頁本体1600円

## ── 谷口江里也（音羽信）の仕事 ──

# 愛歌

ロックの半世紀

1970年代の初め、横浜で活躍したシンガーソングライター・音羽信が、彼が愛するロックの歌から、強く影響を受けたさまざまな愛をテーマにした歌を年代順に選び、読み解く、魂の69曲

ギターの音色やリズムと共に発せられる言葉だけが、どこかへ届くように感じられた──

60年代に爆発したロック。1962年～2016年、ディラン、ビートルズ、ドアーズ、ローリング・ストーンズからジョン・フルシアンテ、Ｕ２まで、人が人であるために最も大切なもの、他者と共有できる心、命が何によって輝くか、気づいた彼らは何を叫び、歌ってきたのか。本書準備中にボブ・ディランがノーベル文学賞を受賞したことを受け、著者の翻訳によるスピーチ全訳を収録。

978-4-89642-519-2
256頁本体2500円

―― 谷口江里也の仕事 ――

**視覚表現史に革命を起した天才ゴヤの版画集全３巻**

谷口江里也文　A5判函入176頁本体各3000円

第一版画集

## ロス・カプリチョス

孤高の戦いの始まりの１冊　**ほぼ原寸大全 82 点**

978-4-89642-508-6

第二版画集

## 戦争の悲惨

ナポレオン軍来襲時のスペイン　**ほぼ原寸大全 82 点**

978-4-89642-509-3

第三・四版画集

## ラ・タウロマキア（闘牛術）／ロス・ディスパラテス

美の中の美＝「闘牛」、深層心理や不条理　**全 55 点**

978-4-89642-510-9

―― 谷口江里也の仕事・翻訳 ――

ファン・ラモン・ヒメネス著　谷口江里也 訳

## プラテーロと私抄　アンダルシア哀歌

978-4-89642-571-0
256頁並製本体2000円

ほら、夕陽が沈んでいく。
大きくて緋色で、目に見える神さまみたい。
あらゆる恍惚と共に現れ
そしてウエルバの先にある海の水平線の
向うに去っていく
圧倒的な静寂の時、この世の至福。
この世っていうのはつまり、
モゲールとその自然
そしてお前と私のことだよ、プラテーロ。
（本文「お城」（99）より）

空があり風があり太陽があり水があり
朝があり夕暮れがあり夜があり草や木や花がある。
そして子どもたちや街の人々。
そばにはいつも話し相手のロバのプラテーロ。
スペインの田舎の小さな街モゲールでの
たった一年足らずの出来事で構成された詩集。
本文中の挿絵はすべて訳者による描き下し。

未知谷

―― 谷口江里也の仕事 ――

## 理念から未来像へ

憲法を正しく読めばこんな国

日本国憲法に基づけば、
日本はどのような国になり得るのだろう

人類史をリードし得る先進的な内容を持つ私たちの日本国憲法。正確に読み取って国を創るとどうなり得るのか、ヴィジョンアーキテクトの視線で現実と見比べながら、ありうる日本の姿や可能性について話し合うことになるかもしれません。

978-4-89642-557-4
192頁本体2000円

## 随想 奥の細道

今こそ活きる芭蕉のヴィジョン

数多の名句を残した俳諧紀行『奥の細道』。現代語訳と解説で、感動の本質を求める芭蕉の心、一瞬の気配の中に永遠を詠む、現在にも通ずるその想像力を追体験する。芭蕉を愛する世界的写真家M. アルメンゴールによる写真22点とともに。

978-4-89642-521-5
280頁本体2800円

## いまここで

「一つひとつの確かさ」
とでも名づけたいような
本書の一頁一ページは
一年間通勤の途次に撮った写真と
そのとき心に浮かんだ言葉です。
この試みを始めた頃には
毎日同じところを通って
目に留まるようなものが
どれほどあるだろうかと危惧しました。
始めてみて驚いたのは
毎日まいにち目に映るものが
ゆっくりと、あるいは突然変わることでした――

127葉の写真と言葉

978-4-89642-569-7
フルカラー
136頁並製本体1600円

未知谷